唐宋史料筆記叢刊

愧郯録

〔宋〕岳珂 撰
朗潤 點校

中華書局

圖書在版編目(CIP)數據

愧郯録/朗潤點校. —北京:中華書局,2016.1
(2023.3 重印)
(唐宋史料筆記叢刊)
ISBN 978-7-101-11259-7

Ⅰ.愧… Ⅱ.朗… Ⅲ.①筆記-中國-南宋-選集
②典章制度-中國-宋代 Ⅳ.①K245.066②D691.5

中國版本圖書館 CIP 數據核字(2015)第 227555 號

責任編輯:胡　珂
責任印製:管　斌

唐宋史料筆記叢刊
愧　郯　録
朗　潤　點校

*

中華書局出版發行
(北京市豐臺區太平橋西里 38 號　100073)
http://www.zhbc.com.cn
E-mail:zhbc@zhbc.com.cn
北京新華印刷有限公司印刷

*

850×1168 毫米 1/32・7¾印張・2 插頁・152 千字
2016 年 1 月第 1 版　2023 年 3 月第 3 次印刷
印數:5001-6000 册　定價:35.00 元

ISBN 978-7-101-11259-7

目録

點校説明

愧郯録，南宋岳珂著。珂字肅之，號亦齋，又號倦翁，岳飛之孫，生於宋孝宗淳熙十年（一一八三），卒年約在理宗淳祐元年（一二四一）之後。歷任嘉興府知府、總領浙西江東財賦淮東軍馬錢糧、總領湖廣財賦、淮南江浙荆湖制置茶鹽使等職。岳珂稔熟典籍，學識淹博，歷官中外，長期在理財相關部門任職，兼具才學與吏幹。其編纂或自撰有鄂國金佗稡編續編、愧郯録、桯史、寶真齋法書贊、棠湖詩稿、玉楮詩稿等書。〔一〕

一　愧郯録的寫作旨趣與史料價值

愧郯録與桯史的書前序末均署作「嘉定焉逢淹茂歲圉如既望」，即嘉定七年（一二一四年）二月十六日，這應是二書基本編定的時間。又，愧郯録卷四「執政官階官封爵」條有云「何元樞澹去國及今十五年」。按，何澹於嘉泰元年（一二〇一年）七月「丐祠」，罷知樞密院事〔二〕，「十五年」後爲嘉定八年。由此推測嘉定七年之後，岳珂或對該書間有增補。

書名「愧郯」，出於岳珂對一則典故的闡發。左傳昭公十七年云：

> 秋，郯子來朝，公與之宴。昭子問焉，曰：「少皞氏鳥名官，何故也？」郯子曰：「吾祖也，我知之。……自顓頊以來，不能紀遠，乃紀於近，爲民師而命以民事，則不能故也。」仲尼聞之，見於郯子而學之。既而告人曰：「吾聞之，『天子失官，學在四夷』，猶信。」〔三〕

郯子雖爲小國之君，但對祖宗的典章制度卻可以如數家珍。於之相比，同是小國的杞國則似乎做不到這一點。孔子曾感喟道：「夏禮吾能言之，杞不足徵也……文獻不足故也，足，則吾能徵之矣。」（論語八佾）岳珂推測，杞國或基於這樣的態度，即考察先王的典章制度，應當參考「秉禮」如魯、「主盟」如晉的「故府之藏」，不必由自己這樣的「蕞爾小國」來承擔。故岳珂認爲：

> 典則之在王府，一忽其詒，則與和鈞關石俱蕩於浮埃。惟不自安於陋，顧如典墳朴略之餘，聖人之所不能悉識者，亦或可歷陳而枚舉。（愧郯録序）

儘管國家對於「典則」的庋藏自有制度，但國中之人仍須重視保存，傳承先王典制，不致使之「蕩於浮埃」。由此可略窺該書纂寫之旨。

有宋一代重視典章制度，官方層面與之相關的史料編纂亦可謂汗牛充棟。同時，「名公鉅卿」對本朝乃至歷代典制進行「討論潤色」者，亦蔚爲大觀，留下了内容豐富、形式多樣的成果。雖看似「無餘蘊」，但岳珂有自己的考量。該書約編定於嘉定七年，時岳珂丁母憂，此前他曾在中央任光禄寺丞、太官令、司農寺主簿等職，皆可謂「群有司之賤者」。但他並未心同杞國，而是從郯子的事蹟中，領悟到個人在典制傳承中的重要性，希望通過向「博識之士」學習，獲得「一得之愚」。因此，岳珂對郯子珍視先王舊典的責任感心存敬意，並試圖藉自己的行爲「勉方來」，還告誡公卿子弟之流切勿「幸生文明化成之代，未能奮己所學，策勳觚鉛，碌碌以爲世禄羞」（後序）。總之，岳珂有「睎郯之心」，自擬其志又自謙己作，故以「愧郯」名此書。

據岳珂自述，愧郯録「凡書皆祖宗若當世事」，「凡其廷紳之所緒聞，諜記之所膚受，隱而不合，必求其當。博取精覈，使皆有據依而後牘之。」（愧郯録序）結合書中内容，可知該書以典章制度爲主，取材包括史籍檔案、筆記小説、故老傳聞等，徵引博洽，考據典贍。全書一百一十七條，對宋代的禮法、官制、方域、術藝等方面皆有記述、歸納與考辨。其中，相當一部分條目是通過纂輯會要、長編等原始材料，或與揮塵録、容齋隨筆等前人著作進行討論，以對「國朝之制」、「祖宗規模」進行的梳理。岳珂尤其關注宋初以降各種制度變化的節點。其中，很多條目都提及南渡之初秦檜及其黨羽對國朝定制的「變亂」，如卷一「五字定制」條、卷四「執政階官封爵」條、卷五「永固更號」條、卷一二「文武服帶之制」條、卷一四「敷文閣」條、卷一五「外戚贈王爵」條等。其基本態度是譏諷乃至斥責，這與岳珂在桯史等著作中顯露的對秦氏當國的看法一致。其中固然有因家族命運而引發的激憤之情，也有基於實務的理性認識。岳珂對正名之事頗爲重視，愧郯録中與各類名號、名諱相關的條目甚夥（集中於卷一等處）。有一些條目或源於岳珂的行政經驗，如卷五「五齊三酒」、卷六「寺監簿職守」等。此外，有的條目更通論古今，如卷二「聖旨教令之別」條、卷四「尚書之名」條、卷七「官品名意之訛」條等。這些内容對理解相關制度，都有一定的幫助。

綜合來看，愧郯録在一定程度上帶有工具書的色彩，對研究兩宋的禮儀、職官等制度以及一些文化現象，具有參考價值。時人及後世在討論相關問題時亦頗多徵引此書，並對部分條目有所駁正。如葉紹翁在四朝聞見録中即對卷六「閩中訛傳兆域」、卷十一「制舉科目」兩條考證不精之處有所補充[四]；馬端臨亦明確指出卷七「官品名意之訛」條中，岳珂混淆了九品中正制下的「人品」與後來普遍行用的「官品」[五]。正如四庫館臣所言，該書「大致考據典贍，於史家、禮家均爲有裨，不可謂非中原文獻之遺也」[六]。

二　愧郯録的版本情況

愧郯録現存主要刊本有宋刊本、明岳元聲刊本（簡稱「明刊本」）、清學海類編本（簡稱

「學海本」）及知不足齋叢書本（簡稱「知不足齋本」），代表性的鈔本有明祁氏澹生堂餘苑本（存前七卷，今藏上海圖書館，簡稱「澹生堂本」）、清四庫全書本（本書整理過程中參考了原藏文淵閣、文津閣的兩部，簡稱「文淵閣本」、「文津閣本」）。此後，民國時出現了四部叢刊續編影印本（簡稱「四部叢刊本」）、叢書集成初編排印本（簡稱「叢書集成本」）等。

宋刊本今存瞿氏鐵琴銅劍樓（今藏中國國家圖書館）、陸氏皕宋樓（今藏日本靜嘉堂文庫）、楊氏海源閣（今藏中國國家圖書館，中華再造善本即據此本影印）、盧氏抱經樓（今藏雲南大學圖書館）四家之藏（以下分別簡稱「瞿藏本」、「陸藏本」、「楊藏本」、「盧藏本」）。四者行款相同，皆半葉九行十七字，白口，左右雙邊，版心單魚尾，分兩欄，上記字數，下記書名、卷數、葉數及刻工姓名，字體風格呈現較爲典型的宋浙本歐體字特徵。儘管四者版式相同，但通過考察版面漫漶程度以及條目内容等，仍可發現其各中差異。黄丕烈跋瞿藏本云「鈔者七十五葉，空白者十葉」，這一點在其他宋刊本中亦有體現。除瞿藏本卷八至卷十一全部爲補鈔之外，其餘鈔補或空白葉的位置與陸藏本、楊藏本、盧藏本一致[七]，即目録葉八，卷二葉十五，卷六葉一、二、五、六，卷十二葉十一、十二，卷十三葉一、二、十七，卷十四葉十七等均屬鈔補，而各本鈔補的字體風格明顯有異，行款亦略有不同[八]。又，卷十三「冷端甲」一條，瞿藏本、陸藏本、楊藏本均出現大面積版面漫漶（盧藏本則該條屬抄寫，情況不明）〔九〕。若僅考慮如上信息，則應可以認爲四種宋刊本當依據同一底版印製，且所據版面較之原版已存在較大程度的缺損與漫漶。但從整體版面清晰程度及若干細節考量，瞿藏本刊刻部分似較陸藏本、楊藏本、盧藏本印刷時間稍早〔一〇〕。另一方面，從内容上看，瞿藏本、盧藏本與陸藏本、楊藏本的歧異恰出現於瞿藏本遺失、後經鈔補，而其餘三本尚存刊刻部分的卷十。按，諸本愧郯録卷十「同二品」條之後的條目有兩類情形，其一爲「旌節」、「慈德宫」、「寺觀敕差住持」三條，符合此特徵者以下謂之版本系統一；而另一類則僅有不完整的「打子」一條，符合此特徵者以下謂之版本系統二。

事實上，無論是岳珂自述該書「爲卷者十有五，總一百十七則」，抑或據諸本目録，均可判斷「打子」條的出現應是流傳過程中出現的訛誤，故系統一諸本應更接近岳珂手訂愧郯録的本來面貌。不過，依照目前已知的信息，尚不能確定兩系統歧異出現的時間及其原因。瞿藏本、盧藏本的卷十末均無「打子」條，清代出現的學海本、知不足齋本雖底本不明，但整體特徵顯示其亦同屬系統一，惟學海本文字錯訛較多，當是校勘不精所致。至民國二十三年（一九三四），商務印書館以瞿藏本爲底本，用澹生堂本補足「空白者十葉」，編入四部叢刊續編。需要指出的是，四部叢刊在編輯影印時對瞿藏本的漫漶、殘字等問題進行了描潤。五年後，商務印書館又以學海本爲底本排印出版叢書集成本，該本附有與四部叢刊本進行對勘而製作的校勘記，以及據四部叢刊本補録的「闕文」。此後，四部叢刊本、叢書集成本成爲比較完備、學人使用較爲普遍的通行本。

系統二中，陸藏本的收藏者陸心源曾懷疑自己所藏「殆即鮑氏所據本」〔一一〕，此説明顯有誤：第一，該本卷十末有「打子」條，與知不足齋本明顯不屬同一系統；第二，個別文字差異也可看出知不足齋本的面貌有其獨特性，或其刊刻時又經過校勘〔一二〕。自宋以降，系統二諸本的衍生情況可大致推考如下：很長一段時間内，愧郯録皆無新刊本出現。至明萬曆年間，岳珂十六世孫岳元聲、岳和聲以及岳駿聲重刻愧郯録〔一三〕。從該本的内容看，除卷十末有「打子」條外，卷八前兩條、卷十三「冷端甲」條、卷十五「外戚贈王爵」條等處的闕字，與楊藏本所殘損的情況相類，且闕字較之更有多者，故知該本當是選取了與楊藏本同出一源但殘缺更甚的某一印本作底本，故楊藏本之「岳元聲萬曆年間曾刻此書，即從此本登梨」的校語應有其據。至清乾隆時編纂四庫全書，文淵閣本亦據明刊本抄寫，其工作底本今藏北京大學圖書館，其中夾有諸多當時館臣所作簽條。文津閣本的總體特徵合於系統二，惟多館臣之妄删妄改所致訛誤〔一四〕。

綜上，有關愧郯録的版本情況，我們發現的問題，實際上要多於利用現有信息能够解決的問題，姑略述如右，以俟再考。

三　本書整理工作的體例

據前述愧郯録的版本情況，考慮到諸本内容完整性與準確性，此次整理以四部叢刊本爲底本，以中華再造善本（簡稱再造善本）、知不足齋本爲通校本，以明刊本、學海本爲參校本。又，愧郯録引書衆多，且大多存世，在校勘中均予以核對。整理工作大致依據以下體例進行：

一、凡底本無誤、他本有誤者，不改不出校；底本有誤、他本正確者，改正并出校記。

二、愧郯録所引之文皆核對原書，引述文字有别而語義無誤者，不改不出校；引述有誤者，酌情改正並出校記。引書書名與通行本有異者，姑存原貌。

三、異體字、俗體字徑改，避諱字涉及人名、年號等專有名詞時回改並出校記，其他一般不做改動。

四、爲閲讀方便，底本的抬頭、提行、空格不予保留，並按照文意進行分段。

此外，爲方便讀者全面了解愧郯録的相關信息，俾益於研究，我們在書末編有兩個附録：其一爲「打子」條，以再造善本爲底本，參校以明刊本、文淵閣本；其二爲諸家題跋，收録範圍以一九四九年之前的題跋爲主。

本書的整理由多人合作完成，具體分工爲：曹傑，序及後序、卷一、卷三、卷七，並編制附録；閆建飛，卷二、卷四、卷五、卷六、參考書目；陳希豐，卷八、卷一〇、卷一一、卷一三；尹航，卷九、卷一二、卷一四、卷一五。此外，任石曾參與卷五、卷八的初校和卷二的覆校，聶文華曾參加卷一五的初校。全書最後由閆建飛和曹傑統稿。

版本調查過程中，蒙日本京都大學人文科學研究所小林隆道先生代爲查閲靜嘉堂文庫藏宋刊本，復旦大學文史研究院博士研究生陳玲代爲查閲上海圖書館藏澹生堂鈔本，雲南大學歷史系博士研究生王浩禹代爲查閲雲南大學圖書館藏宋刊本，在此一併謹致謝忱。最後，感謝中華書局編輯胡珂，她耐心細緻地審讀了全文，爲點校工作的完善提供了保障。

本書整理成於衆手，限於整理者的學識與經驗，一定存在不少疏漏與錯誤，姑將此稿就正於方家，以求不作「愧岳」之書。

點校者

二〇一四年十月初草

二〇一五年三月改訂

〔一〕以上參考吴企明桯史點校説明（中華書局，一九八一年）、王瑞來岳珂生平事蹟考述（文史第二十三輯，一九八四年）、余莎米岳珂生平著述考（北京大學碩士論文，二〇〇八年）等研究成果檃栝。

〔二〕徐自明撰，王瑞來校補宋宰輔編年録校補卷二〇，中華書局，一九八六年，一三一九頁。

〔三〕杜預春秋經傳集解昭四第二十三，四部叢刊本。

〔四〕葉紹翁撰，沈錫麟、馮惠民點校四朝聞見録丙集閩人訛傳兆域、賢良（第二則），中華書局，一九八九年，一二六、一一九頁。

〔五〕馬端臨文獻通考卷六七職官考二十一，中華書局，一九八六年，六一〇頁。

〔六〕永瑢等四庫全書總目卷一二一，中華書局，一九六五年，一〇四六頁。

〔七〕按，今瞿藏本在「空白者十葉」的位置亦有補鈔内容，與四部叢刊本編輯時據澹生堂本抄補的内容一致，但與所謂「鈔者七十五葉」的字體風格迥異，目前尚不明確其出現的時間及抄手爲何人。此處僅爲説明瞿、楊二本原本皆在相同位置有空白葉而作這樣的表述，特此説明。

〔八〕陸藏本的卷八至卷十一尚有約十七葉的抄補，這與王紹仁在皕宋樓舊藏宋刊愧郯録續補十葉考（收入王紹仁主編江南藏書史話，上海古籍出版社，二〇〇九年，一二八頁）中的介紹不同。

〔九〕瞿藏本此條有人爲補寫描畫痕跡，差可認清内容。

〔一〇〕如中華再造善本卷四葉六B 有一處斷版、葉九A 有一處嚴重漫漶，瞿藏本雖存在類似問題但不如前者嚴重，而卷四葉九B的漫漶更爲瞿藏本所無。

〔一二〕陸心源儀顧堂集卷二〇宋板愧郯録跋，續修四庫全書影印清光緒刻本，第一五六〇册，上海古籍出版社，二〇〇二年，六〇〇頁。

〔一三〕對勘知不足齋本及四部叢刊本、中華再造善本，可見如下比較明顯的差異：其一，卷二「舊諱訓名」條「燾續通鑑長編」六字上知不足齋本多「李文簡」三字。其二，卷五「齊酒廢革」條「酌獻一樽飲福餘皆」下，知不足齋本多一「空」字。其三，卷七「官品名意之訛」條知不足齋本有「濟陽蔡法度定□爲九品……一品秩爲萬石」之文字，瞿藏本、中華再造善本並作「濟陽蔡法度定令爲九品……一品秩□萬石」。以上所述雖非重大差别，但目前不能確定是知不足齋本所據底本如此，還是重新刊刻時據他書校勘後産生不同。

〔一四〕傅增湘藏園群書題記卷八明岳元聲刊本愧郯録跋，上海古籍出版社，一九八九年，四三六—四三七頁。

〔一五〕如卷九「虜年號」條，文津閣本將標題及條内「虜」字誤改爲「遼」；卷十三「冷端甲」條、卷十五「官稱不避曹司」條皆遭全删等。

愧郯録序

昔者吾夫子求文獻於杞而不足證，學官名於郯而有餘師。方春秋時，二國在諸侯間，壤地生齒，廣輪衆寡，亡以大相過也，其亦僅存焉耳矣。而杞之志若曰：「吾蕞爾邑，要非天下之所取正。周禮秉魯，夏盟主晉。舊章故府之藏，不彼即焉，而遐哉邈乎之問，乃及於我，是何庸知？」維郯則異然，謂：「吾之褊陋，誠不足以儕諸建國，而金天百世之澤，且幸至于今而未斬。況夫統系之所接，傳聞之所逮，是區區者而不余守，則暴棄之罪，其將何辭以諉夫人？」是故典則之在王府，一忽其詒，則與和鈞關石俱蕩於浮埃。惟不自安於陋，顧如典墳朴略之餘，聖人之所不能悉識者，亦或可歷陳而枚舉。然則謂世有先後，國有聾昭，而不存乎其人焉，可不可也？

國朝受命，世有顯德，典章文物之盛，跨王軼帝。二百七八十年間，名公鉅卿所以討論潤色之者，固已無餘蘊矣。而又禮掌於頌臺，議參於儒館，彌闕軼，訂同異，間承之以有位之文者，俾畢得以獻疑而粹聞，則出位之言，固非群有司之所當與。抑猶聞之，郯之來也，魯固逆陋之矣，叔孫昭子之問，聊以藉俎豆之口。而郯子奮然曰「我知之」，不俟申言之，及纚纚其辭，累數百言而不少止。郯未嘗以揜人自疑，而魯多君子，亦不以其强聒爲疑也。若夫杞則自棄矣，襲媮益洿，每視己爲不足進，至取通國之禮而夷之，一字之貶屢加，而曾不知所以爲恥。學者循其末流，而遡其所志，輕重且將誰擇哉？

珂晚學，具位于朝〔一〕，又群有司之賤者也。譬諸小國，無證杞之責，而有晞郯之心。凡其廷紳之所緒聞，諜記之所膚受，隱而不合，必求其當。博取精覈，使皆有據依而後牘之。蓋不敢以陋自處，而懼其班於學域之夷。博識之士，或以吾夫子之不恥於問者而就正焉，則亦庶乎其有一得之愚也。凡書皆祖宗若當世事，名前哲所以尊朝廷。爲卷者十有五，總一百十七則，命之曰「郯」，以志其愧。嘉定焉逢淹茂歲圉如既望謹序。

校勘記

〔一〕具位于朝　「具」原作「其」，據學海本改。

愧郯録卷第一 十一則

祖宗徽稱

國初，親廟謚皆二字。藝祖上賓，李文正昉上初謚以六字，而後列聖皆遵用之。大中祥符初，符貺洊臻，登封降禪，彌文具舉，於是始用開元增謚之制。是年十一月甲申，躬謁太廟，二室各增八字爲十四字。五年十月戊午，聖祖降延恩殿，告以長發之祥。閏月乙亥，復加二字，親廟亦衍而四焉。真宗既謚，仁皇以澶淵之功不著，詔益以「武定」，爲八字始用，天聖二年初郊奉册。因郊增謚，蓋昉于此。慶曆七年十一月，又郊，遂再增八字，於是十六字之制定爲不刊，弗復可增益矣。然仁宗、英宗之謚增於元豐六年屢郊之後，神宗之謚增於紹聖二年大饗之餘，哲宗之謚增於崇寧三年再郊之際，類皆因時制宜，而初郊舉典禮，猶未爲永制也。徽祖以紹興五年有陟方之哀，七年諱問始至，龍輴未還，綿蕞廟祔，至十二年既安禹穴之棲，其冬詔加謚。明年正月戊戌奉册，己亥上親饗太廟，蓋清祏甫寧，因山適畢，遂躬款謁，追用祥符典故，固有不必俟郊報者，從變禮也。孝宗以後，始定用升祔後遇郊，即前詔議徽號，詔書若曰：「某廟宜加上十字爲十六字，如祖宗故事。」將郊，攝太傅先以册告本室，而後行躬祼，率以爲常，至于今不廢。乃若僖祖以熙寧王安石之議正東嚮，大觀之元遂有立道肇基積德起功懿文獻武睿和至孝之號，媲之親廟，增者十二焉，蓋一時之制也。

五字定制

漢制，宗廟必冠以「孝」，唐特表一字而出之，諸帝類曰「某宗某謚孝皇帝」，間有不盡然者，不多見也。國朝初定藝祖謚，止曰英武聖文神德，太宗謚止曰神功聖德文武〔一〕，皆未以「孝」爲號。祥符始增之，自後列聖稱天之誄，必以百行之首薦於鴻名。蓋嘗考之徽號中所同稱者又有四字，「文」、「武」、「功」、「德」，與「孝」而五。自初謚中即備其三，曰「文」、曰「武」、曰「孝」。治平而降，未之或改也。惟徽、欽初謚，曰聖文仁德顯孝，曰恭文順德仁孝，當時蓋張忠獻浚、陳文正康伯當國，上議初非有他，蓋用太平、淳化、乾興故事，先摭聖德之最盛者而表之。如近歲光考謚曰憲仁聖哲慈孝，不復稱「文」、「武」，正其比也。及增謚，則無不備者。故藝祖曰啓運立極英武睿文神德聖功至明大孝，太宗曰至仁應道神功聖德文武睿烈大明廣孝，真宗曰膺符稽古成功讓德文明武定章聖元孝，仁宗曰體天法道極功全德神文聖武睿哲明孝〔二〕，英宗曰體乾膺歷隆功盛德憲文肅武睿神宣孝〔三〕，神宗曰體元顯道法古立憲帝德王功英文烈武欽仁聖孝，哲宗曰憲元繼道世德揚功欽文睿武齊聖昭孝，高宗曰受命中興全功至德聖神武文昭仁憲孝，孝宗曰紹統同道冠德昭功哲文神武明聖成孝，光宗曰循道憲仁明功茂德温文順武聖哲慈孝。

欽既止仍六惠，不復議增已。秩宗因循之失，猶曰禮有未備而已，一旦舉而行之可也。惟徽宗紹興十二年之增謚，以權臣擅命，輒於徽稱有所抑揚，遂去一字而以「烈」代「德」，以「德」代「武」，曰體神合道駿烈遜功聖文仁德憲慈顯孝。考之藝祖、真宗之謚，初亦偏於文德矣，既增則武功配焉，未聞臣子敢以是而寓意於君父也。是年十二月，户部尚書張澄等集議。庚午，宰臣秦檜自以議上，而議文則檜之兄直學士院梓實爲之。戊寅，詔檜撰册文，則册文又檜之作。士之學典故，每於此不致詳，故至今莫有議者。揆情訂迹，何以慰在天之靈乎！神宗初增謚曰紹天法古運德建功，哲宗曰顯德定功。崇寧三年，詔定神宗今謚。政和三年，又以建立法度之意，增神宗爲二十字。而哲宗易「世」、「揚」二字，以見紹述。蓋蔡京當國，用一時歸美之論，務極尊崇，雖非故事，猶愈於檜之無君云。

崇政改謚

宗廟改謚册告，於禮爲重。祥符五年，以聖祖諱，因增謚而易藝祖「睿文」、「聖功」二字，實不得已耳。崇寧、政和間始用繼述友恭之論，屢定徽稱。神宗凡一改再增，而溢於祖宗者四字；哲宗凡一改一增，皆非舊章。章聖謚有濮園諱，治平親政初不敢更，後但著於文書令曰：「諸濮安懿王諱，其在真宗皇帝謚號内者不避，應奏者以黄紙覆之。」如此而已，豈非嚴重宗廟，於體不得不然邪？若慶曆以來，后謚或更，蓋從夫之義，與此異也。

后謚因革

建隆元年二月壬戌，上親廟謚，僖祖曰文獻，后曰文懿；順祖曰惠元，后曰惠明；翼祖曰簡恭，后曰簡穆；宣祖曰昭武。其制皆判太常寺竇儀所定，帝、后率聯一字，深得古意。其後，杜太后上仙，先謚明憲，繼改曰昭，蓋亦配帝以爲稱。大中祥符增上帝謚，始各加「睿和」、「睿明」、「睿德」、「睿聖」二字，於后無所損益，列聖相循，遂爲故事。故太祖謚大孝，后曰孝惠、孝明、孝章；太宗謚聖德，后曰淑德、懿德、明德、元德；真宗謚章聖，后曰章懷、章穆、章獻明肅、章懿、章惠；仁宗謚聖武，后曰慈聖光獻；英宗謚宣孝，后曰宣仁聖烈；

神宗謚欽仁，后曰欽聖憲肅、欽成、欽慈；哲宗謚昭孝，后曰昭慈聖獻、昭懷；徽宗謚顯孝，后曰顯恭、顯肅、顯仁；欽宗謚仁孝，后曰仁懷；高宗謚憲孝，后曰憲節、憲聖慈烈；孝宗謚成孝，后曰成穆、成恭、成肅；光宗謚慈孝，后曰慈懿。

自慶曆四年章聖五后始改「莊」從「章」。於是長秋或先升馭者，至因山之後復改而從之。如徽、高、孝之后，自「惠」、「懿」、「安」而「顯」、「憲」與「成」是也。自元祐八年宣仁以祖宗之諱，始摘帝謚聯「孝」者爲稱。雖建中靖國之元以神祖聖孝之謚不可爲冠，姑循雜采故事，越是而後，率以爲常，如泰陵而下是也。自乾德二年孝惠、孝明上謚已從「孝」字，而太祖初謚乃無之。大中祥符元年始加大孝之號，似出附合。而亦有循之者，如慈懿先謚，而崇陵繼稱慈孝是也。第秩宗討論非出一手，因時定制，每失參稽。易謚從夫，禮也。藝祖遷就，姑以漢制帝謚必稱「孝」爲比，是猶有説。至光宗則徒屈至尊以從后謚，所憚者改册耳，果何説乎？雜采以示有所從，禮也。宣仁媲「宣」稱謚，亦取其美者耳，初非有意也，是猶有説。至政和之謚昭懷，紹興之謚昭慈，泥於聯「孝」之稱，遂與嫄廟混而無別矣，果何説乎？「聖」不可以冠謚，建中避之，禮也。慈聖以擁佑定命之勳，舉而從之，是猶有説。節以四惠而列於謚之中，上媲淑德則不在徽稱之下，下同欽聖則初無慈謚之從，是亦無所從而已。慈懿之號，又從而紊之，果何説乎？容臺訂禮，名儒後先，宗廟重事，漢律有禁。晚晉下臣固莫敢置喙，特私表其臆説如此。

又按會要，仁宗别后温成，初謚恭德，言者以爲不當同太宗諸后謚，始改之。至和二年十一月，史館修撰吕公綽奏真宗五后「莊」皆爲「章」。承旨丁度以爲神道貴静，乞不改。既而公綽復言，遂於郊禮前上謚册，此正故事之明證。昭慈改謚於紹興五年，是歲五月辛未，臣僚亦嘗建不當聯「昭」字之議，而朝廷訖不從。顯恭后初謚靖和，大觀四年改謚惠恭，紹興七年祐陵復土，始例從「顯」，其中蓋亦混惠明謚；明達、明節，又亲昭憲已改之稱云。

隆祐壽康宫

元祐太后既正東朝，建炎元年八月有詔，以尊稱犯太后祖諱，當以所居宫爲稱，令學士院撰定，遂建隆祐宫。光宗内禪，紹熙五年七月，移御泰安，旋以未至嘉美，改稱壽康宫，而殿亦以此名。珂恭考會要，元祐元年閏二月，宰臣韓縝上表請太皇太后宫殿名，宫曰崇慶，殿曰崇慶壽康；皇太后宫殿名，宫曰隆祐，殿曰隆祐慈徽。詔所請宜允，候過諒闇，令有司檢舉。既雖又改宫曰慈德，而前稱已播告，著之國史矣。竊謂二名皆複，於典故當易不疑，特有司失於討論，是以有此。如宣仁上仙，實在壽康殿。當光宗萬壽，誼當建中靖國避嫌。昭慈逮事欽聖，而隆祐之號稱之九年，至紹聖元年閏四月戊子而後革。追尊欽慈之詔〔四〕，猶曰「隆祐深慈，具存於遺訓」，則是婦、姑同一名稱，皆大不可者也。

申福殿

江州廬山有宫曰太平興國，侍從領祠官，建申福殿，奉高皇本命，實紹興二十八年十二月丁亥朔賜名。珂按，京師有龍德宫，乃徽祖潛邸，宣和與子之後，移御是間，中已有申福、臻祥二殿。考之會要，紹興九年和議始成，有司指以爲安奉龍輴之地，蓋不特複名之當易而已。

永崇陵

光宗因山，右丞相謝深甫請以永崇爲陵名，詔從之。珂嘗考典故，謂其失有四。唐德宗稱崇陵，雖無「永」字，然終非令君。嘉祐八年九月十二日，諫院吕誨言，潛邸興慶宫犯唐故號，詔改爲慶寧。夫興慶，佳名也。明皇視德宗有間矣，猶且不可，況俱爲陵名乎？其失一也。元符三年三月丙申，左僕射章惇上哲宗陵名永泰〔五〕，詔恭依。惇初議「永崇」，中批以未至嘉美。再上「永章」、「永慶」，上與皇太后皆曰「永慶」佳。既而聞乃遼聖宗陵名，遂復改。凡三表乃定，則「永崇」固元符之所弃，而可復用乎？其失二也。王明清揮麈録載，崇先寺有真皇館御曰永崇。按會要實有是殿，成於嘉祐六年十一月。崇先乃觀名，上清之遺址，明清已誤。且國朝故事，殿號、州、縣、鎮之犯宗廟徽稱、陵名，例從改易，蓋惡其複。如慶曆七年八月戊午，改文明殿爲紫宸；景祐四年四月庚午，改武定軍爲武康；閏四月己卯，改昭武軍爲寧武，避真宗、宣祖謚。天聖七年九月辛未，改永定軍爲永寧，避真宗陵之類是也。況子孫因山之地，祖宗衣冠之御，可以混而不別乎？其失三也。紹興十三年二月己未朔有旨，徽宗永固陵名委後省看詳，既而許侍從擬定。於是權户部尚書張澄等言，惟永祐不犯歷代陵名。詔恭依。按晉書，桓玄僭楚，追尊其父温爲帝〔六〕，陵號永崇，二字皆同，正永固之比，其失四也。珂又考會要，紹聖二年六月，禮部尚書林希言，神宗宣光殿與石虎之子韜所建堂同名，詔改曰顯承。以是觀之，不惟崇陵之當易，而崇先館御亦不可因仍矣，秉禮者其尚考之。

追改陵名

李文簡燾續通鑑長編曰：乾興元年七月，詔改章聖陵名曰永定。初，丁謂爲山陵使，請名陵曰「鎮」。及謂貶，馮拯謂三陵皆有「永」字，故易曰永定陵。然永安乃縣名也，宣祖陵上名安；又不知翼祖已名定陵，於是復追改翼祖陵曰靖。議者譏拯不學，當時無正之者。

珂按，真皇上仙，開基因山者僅三耳，歲時薦獻，宮禁省謁，禮官周視，史諜書載，耳目尚相接，夫誰而不知？正使不留意於典故，亦不應若是。朝廷舉重禮，當時所上者一字之名。自東閤賓客縱不能爲之一閱史録，呼容臺一吏使供寫，亦足優爲之，何至或削或犯，以詒天下笑乎？謂素號博學，此顧甚易識，是蓋絶不一講論而率然以應上命也。拯矯其爲，欲增而易之。易之之際，亦復靳於故府之一問，又墮舛誤，再煩改更，就使復定一名，猶愈於祖之以孫屈也。遂過不疑，遂易先號，夫豈寧神尊祖之義乎？一顧問之憚煩而成是紛紛，後之議禮者可以監矣。表之以識一時之顛末。

郊廟之諱

中興而來，請帝謚于郊，議文必曰「某帝宜天錫之曰某謚皇帝，廟號某宗」；請后謚于廟，議文必曰「某后宜以祖宗之命，錫之曰某謚皇后」。苟非母后則否，惟以群臣議進之内，詔曰「恭依」而已。

珂按典故，嘉祐八年五月庚申，有司將請仁宗謚，翰林學士王珪奏：「謹按，曾子問曰：『賤不誄貴，幼不誄長，禮也。惟天子稱天以誄之。』春秋公羊説：『讀誄、制謚於南郊，若云受之於天然。』乾興元年，既定真宗皇帝謚，其秋始告天於圜丘。史臣以爲天子之謚，當集中書、門下、御史臺五品以上，尚書省四品以上，諸司三品以上，於南郊告天，議定然後連奏以聞。近制唯詞臣撰議，即降詔命，庶僚不得參聞，頗違稱天之義。臣奉命撰先帝尊謚，欲望明詔有司稽詳舊典，先之南郊，而後下臣之議，庶先帝之茂德休烈，有以信萬世之傳。」詔兩制詳議。翰林學士賈黯等議如珪奏，從之。元豐二年十一月丁丑，有司將請慈聖謚，翰林學士章惇奏：「竊稽典禮，下不得誄上，則大行太皇太后謚號，蓋非臣子之所敢專，必將有所請。謂若請之太廟，於禮爲宜。願付禮官詳議。」於是禮院言：「孝明皇后之喪，百官書謚議，讀之於廟，上于靈座〔七〕。詔尚書省集百官議，皆曰：『母后之謚，則宜定於廟而讀之，以受成於祖宗。孝明皇后謚請百官議定，制下，乃遣官告於太廟而不讀。』今參詳古者謚法，后受之於夫，臣受之于君〔八〕，大行太皇太后作配仁宗，於禮爲尊，宜集官謚之於廟。又幼不誄長，子不爵母，英宗皇帝廟室於禮不當請謚，欲乞集中書、樞密院、侍從官、御史臺五品、尚書省四品、諸司三品、宗室正任團練使以上，赴太廟行請謚之禮，然後詔有司作册寶，告於天地、宗廟、社稷，讀於慶壽殿。」從之。二事蓋始此。

慶元三年十一月乙巳，憲聖上仙。廷議以欽宗廟祏虛配，將以唐睿真沈后尋訪理絶故事，爲仁懷舉哀升祔。明年正月辛丑，二后並謚於廟。時京魏公鎧爲相，實上議焉。仁懷非母后，所以得用爲此者，蓋屬尊世邇，且又偕祔，不得不然也。要之受成之意，見於議者，特以尊卑爲辨耳，仁懷固無疑焉。

謚號之異

神宗將加仁、英二室謚，元豐六年五月丙子朔，詔改「加上尊謚」爲「奉上徽號」，令三省官與太常寺同定。初，六字爲謚，增十字爲號，蓋始此云。

宗室聯名

藝祖、太宗并受天命，子孫千億。魏王廷美以親賢正派，棣萼聯輝，上繫安陵，璇源圖牒稱爲三祖。慶冑蕃昌，至於五葉，禄分爵衍，夥不可殫。神宗始命有司裁定，惟恩義之稱。熙寧二年十一月甲戌詔：「自非祖免以下，並罷賜名、授官。」二十年間，天支訓名者，不復相考質，亦或以一字，皆無定制，議者病之。元祐七年九月甲午，宗正寺奏：「宗室撰名，自來并用兩字。内取一字相連，所以別源派、異昭穆也。昨自熙寧中立法，非祖宗祖免親，更不賜名、授官。後來逐時准大宗正司關到本家所撰名，多是重疊，至有數人而共一名者。又或與别房尊長名諱相犯，或兄弟不相連名，或只取一字爲名、而偏傍不相連者，名稱混殽，難以分明昭穆之序。竊恐年祀寖久，流派逾遠，譜籍漸無統紀。除重疊共一名者，昨來寺、司申請已得朝旨，見令改撰外，所有犯别房尊長名諱、兄弟不相連名，并以一字爲名，恐亦合改撰。欲乞宗正司告示逐宫院，將見今名犯尊長諱，并字不相連，及單名者，並令改撰。仍從本寺定取一相連字取名稍寬者〔九〕，關宗正司告示，令依倣撰名，所貴稍得齊一。」從之。於是聯名之制始定。

珂按，三祖下宗支所聯字，太祖曰德、惟、從、世、令、子、伯、師、希、與、孟、由；太宗曰元、允、宗、仲、士、不、善、汝、崇、必、良、友；宣祖曰德、承、克、叔、之、公、彦、夫、時、若、嗣。當時雖先有之，而非賜名者猶混殽，故申其禁令耳，非肇始也。英、神近屬又爲之名，如孝、安、居、多、自、甫、有、卿、茂、中、孫，其字不一，蓋繼别爲宗云。承平時，立保州位，其聯名曰咸、嘉、文、可、修、景、遵、端、廣、繼、大者，迺四親别族，又不與三祖也。宗寺之請，出於寺丞宋景年，見周益公必大奏議。

校勘記

〔一〕太宗謚止曰神功聖德文武　「神功聖德」原作「神德聖功」，據學海本、宋史卷五太宗紀二、長編卷四一至道三年六月己亥條改。

〔二〕仁宗曰體天法道極功全德神文聖武睿哲明孝　「睿哲」原作「濬哲」，據長編卷三三六元豐六年六月庚子條、宋朝事實卷一、宋史卷九仁宗紀一及卷一〇八禮志十九等改。

〔三〕英宗曰體乾膺歷隆功盛德憲文肅武睿神宣孝　「睿神」東都事略卷七英宗紀、隆平集卷一聖緒、宋史卷一三英宗紀等作「睿聖」。

〔四〕建中靖國追尊欽慈之詔　「尊」字底本、知不足齋本闕，據再造善本補。

〔五〕左僕射章惇上哲宗陵名永泰　「惇」字原作「享」，避宋光宗趙惇諱，今回改。下同。

〔六〕桓玄僭楚追尊其父温爲帝　「桓玄」原作「亘元」，上字避宋欽宗趙桓諱，下字避宋聖祖趙玄朗諱，今回改。

〔七〕上于靈座　「靈」字原作「虛」，據長編卷三〇一元豐二年十一月丁丑條改。

〔八〕后受之於夫臣受之于君　「於夫臣受之于」六字原脱，據長編卷三〇一元豐二年十一月丁丑條補。

〔九〕仍從本寺定取一相連字取名稍寬者　「寺」原作「司」，據長編卷四七七元祐七年九月甲午條、宋會要輯稿職官二〇之七至八改。

愧郯録卷第二 八則

近屬名制

國朝宗屬，本未定聯名之制。藝祖友悌因心，凡宣祖本支之在子行者，皆冠「德」字，賜名授爵，俱無等差。熙陵繼序，初更用「元」字以別大統。自是而後，真皇之子從衣，於藝祖、魏王諸孫賜名「惟」字、「承」字者不聯。神廟之子從人，於英宗諸孫吴、益二邸之賜名「孝」字者亦不聯。徽祖之子從木，於神祖諸孫吴、楚二邸之賜名「有」字者又不聯。不惟不聯，且無用一字者。是皆親堂兄弟，從姪以降，從可知也。紹興、乾道以來，孝支三邸鼎立，孫枝出閤，始皆用一名。光宗、今上敬叙天彝，務從其厚，莊文、魏王之後，俱聯所從，以示無間。蕚樓環邸，雍怡之風，蓋視藝祖爲有光矣。然宗廟至重，貴於有别，恩義之稱，豈聖心固自有所輕重歟？

宗廟舊諱

紹興文書令曰：「廟諱、舊諱正字皆避之。」故哲宗、孝宗之舊諱單字者凡三，皆著令改避。惟欽宗舊諱二字，一則從亠從回從旦，一則從火從亘，今皆用之不疑。又令之注文曰：「舊諱内二字連用爲犯，若文雖連而意不相屬者，非。」故太宗、仁宗、英宗、神宗之舊諱二字者凡八，皆著令不許並用。惟孝宗舊諱從伯、從玉從宗者，今亦聯書自若，甚至有以爲名者。

珂竊謂，尊祖事神，固存終諱。祖宗酌禮用中，單字則盡避，二字則不連。不簡不苛，惟情之稱，弗可改也。欽皇祔清祏稱宗，而舊諱之避乃不得與諸廟比。孝廟初潛故名，雖已賜更，然上擬英祖，亦正同濮邸故事。真、神二廟〔一〕，初亦與宗藩聯稱，既改復諱。顧今獨不然，皆非也。孝宗會要、史諜皆不著初名，殊不知英宗正史、實録、會要蓋皆嘗書之。遂使舊諱罕傳，後世莫考，當世士大夫猶有不及知者。容臺、史觀之失，不既甚乎！李心傳繫年要録載此諱於紹興二年五月辛未，明年二月庚子除和州防禦使復見焉。它書則未之載也。

舊諱訓名

太宗舊諱，自大中祥符二年六月二十四日詔：「中外文字有與二字相連及音同者，並令回避。」至寶元元年四月四日，翰林侍讀學士李淑奏請毋得連用真宗舊名。治平元年十一月三日，翰林學士賈黯奏請毋得連用仁宗舊名。自後遂著之文書令，以爲不刊之典。然珂嘗考，今宗室訓名，或犯舊諱，私謂不安。參稽典故，則可疑者有三，而大可據者有一。

景祐四年正月十三日〔二〕，詔：「自今宗室訓名，令宗正寺與修玉牒官同議定，勿得重疊。」夫重疊猶不可，而可與舊諱重乎？一可疑也。

治平三年七月十九日，翰林學士承旨張方平言：「皇族賜名，其屬絶無服，而異字同音，或上下一字同者，請勿避。」從之。則是治平以前，凡同族之名一字之同，皆在當避之域。曰同族且不可，而況宗廟乎？二可疑也。

紹聖三年五月十九日，宗正寺丞宋景年奏請：「宗室賜名，非袒免親，本家命名，於本祖下有服親，雖音同字異，並避；於本祖下無服親及別祖下有服親，即音同字異，許用；於別祖下無服親，非連名，即雖本字，亦許用。」從之。舊諱則非正諱矣，其視音同字異者，不猶重乎？三可疑也。

大中祥符八年六月十五日，詔改含光殿名曰會慶，以光字乃太宗舊名之上字，故避之。光字，舊名之偏諱也，自二年已詔但禁連用，而今又六年之後乃改殿名，豈非殿名常用之稱，與文書偶及者爲不同乎？殿名猶易，而屬籍□□□□□□□李文簡燾續通鑑長編〔三〕：「天聖六年九月丙午，兵部郎中、集賢院修撰楊大雅知制誥。大雅初名侃，以犯真宗舊諱，詔更之。」此乃灼然明據。以此論之，不特宗姓非所當爲，庶姓士大夫或襲用之亦非也。會慶爲孝宗誕節，與殿名複出。哲宗神御殿名曰重光，又自慈聖后以來，再以入廟號，似違祥符故事云。

御名不聯字

熙陵即祚之踰年二月庚子，有詔更御名，制曰：「王者對越上天，祇見九廟，凡因祭告，必著名稱。思稽古以酌中〔四〕，貴難知而易避。爰遵故事，載易嘉名。」此當時播告之旨也。

珂按，太宗初諱，上字與藝祖聯稱，建隆造邦，已改從光字，復與魏悼王同行。太平興國初，既膺大統，魏悼王改從廷字，以避尊尊之稱。至是甫四閲月，復詔改焉。雖更定之意具如詔書，其實去聯文、尊王統，所以辨名分、示等威也。真宗本聯元字〔五〕，既立爲皇太子，遂用單名，而太支八主仍舊字爲行，不復改。仁皇在昇邸、英祖濮藩，名亦二字，及正承祧之名，則皆改焉。聖謨昭昭，可考而見。真宗之子周王祐，本亦二名，以避聖祖諱而損其一。因偏傍有衣字，與仁宗諱偶合，元非初制。如温、昌、信、欽四王，皆徽宗追賜名，具載國史。仁宗三王，名皆躔日，是爲皇子、諸王一賜即爲單名之始。然卒緣殤折，非既長而並命者。英宗又未及正東宮，神宗初與吴、益二王並賜名從頁。及治平不豫之際，匆猝中無以故事建明乞更名者。熙豐友愛天至，遂因循不復議。元豐末，命哲宗自延安王主鬯，時御名與神宗諸王皆聯人字，遂詔改今諱，不復聯，誠得祖宗别微之本意。徽、高自藩邸入登大寶，誤循治平故事，止仍舊名。欽宗雖久在震方，亦嘗一再賜名，然鄆寵方偪，語諱滋繁，固莫容有建言者。宣和内禪，狄師日侵，亟决大議，何暇它及。孝宗猶改之而後升儲，乾道兩下貳極之詔，皆仍舊名以播告。今上承大統，潛躍之名，亦不復改。雖曰阜陵制義之重，聖心有所不欲更，而尊君之誼，則非矣。

淳熙南衙

周益公必大玉堂雜紀曰：「乾道七年四月甲子，詔皇太子判臨安府，用至道故事也。

或謂當以太中大夫爲判官，通領府事，恐名稱未正，遂議改尹，而以侍從爲少尹，餘判官用卿監、郎官〔六〕。丁卯，將鎖院降麻，或又疑宣麻給告，非待儲貳之禮。己巳，後省官、禮官會議於史院，檢照唐太宗征遼命太子監國及大帝命太子受諸司啓事，或詔或制，視麻爲重，可以作則。上然之。庚午，偶當日被宣，范紫微成大先以侍講遞宿，聞報遽出，薄莫至玉堂。御藥李忘其名持御封御筆：『皇太子某宜領臨安尹，可依此降制。』三鼓進草，因奏：『此制書既不給告，則當付有司施行〔七〕。竊恐皇太子別無祓受，欲依自來詔書體式，略換首尾，書寫一通，降付皇太子。今擬定格式進呈，如賜俞允，乞速批降付下。』御筆批『依』。辛未，遂告大廷。惟此稀闊盛典，適以史官備討論，詞臣參潤色，復得宸翰，寶藏于家，非儒生之榮遇乎！」

珂按，本朝親王爲南衙，故實有四：建隆二年七月壬申，太宗以晉王爲開封尹、同平章事〔八〕；開寶九年十月庚申，魏悼王廷美以齊王爲開封尹；雍熙二年十月甲辰，昭成太子元僖以陳王爲開封尹兼侍中；淳化五年九月壬申，真宗以壽王爲開封尹。東宮爲南衙，故實有二：至道元年八月壬辰，真宗以皇太子爲判開封府；宣和七年十一月戊午，欽宗以皇太子爲開封牧。歷考二端，親王爲尹，東宮爲判、爲牧，自有明據。然則必大所行制詞，有所謂「肆考南衙之故實，一新大尹之多儀」，及「名稱未正」者，皆誤也。

至於府僚之制，國初紀載雖簡，初無異稱，雍熙陳王之命，實以户部郎中張去華爲判官，殿中侍御史陳載爲推官，並召見，就遷去華爲左諫議大夫。雖與太中大夫之制若相協，要亦王府之制耳。

至道升儲，有司又言：「皇太子兼判開封府，其所上表狀即書皇太子位，其當申中書、樞密院狀，祇判官等書。」詔從之。則是時亦無用少尹爲參佐者。在承平時，著位尹，蓋尹正之常稱，雖以熙、定二陵在藩日常爲，而使少尹權知府事。然自崇、觀以後，例以除官，且著令，别設牧以待親王矣。且自尹而少，本畧爲差降，以帝儲之重，而下與有司聯稱謂，固不可。淳熙五年閏六月，魏惠憲王愷以江陵尹進兼雍州牧。牧、尹秩序之别，蓋如此。雖内外有異，而藩王猶可爲牧，東宫乃反爲尹，此尤大不可者也。若以宣和舊典，出於内禪已定，不欲循用，則稱判爲宜，若尹則無别矣。

孝明后制

太祖實録建隆元年八月甲申立皇后制曰〔九〕：「朕受天景福，故父事高穹；率土樂推，乃子視黔首。坐明堂而讀時令，正中禁以崇國風。庶資博厚之功，用廣邦家之業。禀長樂之慈訓，舉長秋之舊章。乃命有司，告于清廟。咨爾琅琊郡夫人王氏，象緯炳靈，公侯貴胄。挺天人之奇表，會王者之昌圖。朕昔在列藩，常覩内助。奉晨昏而罔倦，服浣濯而無斁。贊予開國之基，賴爾宜家之慶。翬衣未舉，椒掖難虚。既侔大姒之賢，宜易小君之號。貽謀百世，正位六宫，可立爲皇后。爾其佐佑興運，恢張内朝。樛木垂陰，期于逮下；桂華委照，法彼無私。顧彤管之在旁，思大練之爲美。若此則緱山餘烈，配沙麓之嘉祥；淮水長源，接銀潢之濬浪。后妃之德，史册有光。勉修令名，往踐厥位。仍令所司，擇日備禮册命。」

珂按，制詞中首稱「咨爾」，實與册文無異，至入尾詞先書「可立爲皇后」，復申命戒，始用廷告體，令所司備册。與今制殊不同。此蓋國朝立后第一典故，不可不詳訂也。

宗族之别

政和三年閏四月丙辰，詔：「改公主爲帝姬，郡主爲宗姬，縣主爲族姬。」

珂按，本朝嬴姓，而用姬爲稱謂。雖詔書明言「考古立制，宜莫如周」，然要是蔡京輩誤讀漢書薄姬、丁姬輩名字，謂姬本婦人通號，故循而用之耳。建炎改制，議者之論已詳，不復複出。第宗族二字，本以别親疏，似亦差互。考之春秋，襄公十二年秋九月，吴子乘卒。左氏因其臨於周廟，而别白之曰：「凡諸侯之喪，異姓臨於外，同姓於宗廟，同宗於祖廟，同族於禰廟。」杜征南預又從而釋之曰：「同族謂高祖以下。」如此則族之親於宗明矣。今乃反之，尤失所宜，京輩當時固位，士多隨聲是非，或者因執語先後爲次，蓋初不致考也。

聖旨教令之别

國朝所司承旨之别，乘輿稱聖旨，中宫稱教旨，儲闈稱令旨。天聖以後，母后或御東朝廷，則稱聖旨；否，則稱教如初。孝皇初膺内禪，德壽方具慶，務極尊崇，太上皇后亦得稱聖旨。

珂按，秦漢而下，天子稱制詔，繼别爲敕，母后、東宫、諸侯王稱令，下雖郡守亦稱教，無名爲旨者，惟自魏晉而下乃有之。然則承旨行事，本取指撝之義，以從尋常簡便之稱。大事則有制可，宣布則有詔書，除授則有敕命，互見於用，要不相揜，而實非古制也。

晉書文帝紀司空鄭冲勸進九錫之文曰：「明公宜承奉聖旨，受兹介福，允當天人。」則「聖旨」之名，已見於魏矣。詳其義趣，特出一時之文，若曰宜奉承聖上之旨意而已，非文書皆然，以爲常式也。唐尚書掌上逮下之制六，無聖旨之名。惟中書王言之制七，五曰敕旨，百官奏請施行則用之，與册書、制書、慰勞、發敕、敕書、敕牒殊析不同，則敕旨本以便事從簡，其意灼然可見，但當時未全稱聖旨耳。如延英面對，或稱進止，則又或進或止，取於宸斷之義，今奏劄猶襲用之。五代相承，每事稱進止，亦與此同一源委。

若中宫稱教，儲闈稱令，而繫以旨，則史傳雜見，未之考詳。漢尊母后，例得稱詔，如薄后雖非稱制，得詔有司追封竇后父爲安成侯是也。齊梁以來，或稱令，如蕭統文選所載任昉宣德皇后令是也。唐尚書之制四曰令，皇太子用之；五曰教，親王、公主用之。而不明著母后、中宫之所稱，其見於史者，亦旁附，隨事以立文而已。且旨者，一時之名，而教、令則典則之常也。文選所載傅亮爲宋公作修張良廟、楚元王墓教之類，前稱「綱紀」，如詔書之前以「門下」爲稱也。唐皇太子令書，左庶子畫「諾」，右庶子畫「日」，如制書之後有「制可」之畫也。則此文書體式之當然，而不可以繫旨以爲稱，其理無疑。還考於唐，則固嘗聯敕以爲稱矣。

以教以令，上擬於敕，則雖聯，其何傷也。然竟莫究其所以始，惟高峻小史、晉書王沉傳載沉爲豫州刺史，下教求言。主簿褚䂮曰：「奉省教旨，伏用感歎。」渚宫故事載晉羅友在桓温府〔一○〕，同府有得郡者，温爲坐敘別，友亦被命，至尤遲晚。温問之，答曰：「臣昨奉教旨，出門，見鬼揶揄云：『我只見汝送人上郡，何不見人送汝上郡？』」南史鮑泉傳，梁元帝承制從獄中起王僧辯，代泉爲都督，泉拂席坐以待之。僧辯入，乃背泉而坐曰：「鮑郎，卿有罪，令旨使我鎖卿，卿勿以故意見期。」則二字聯旨以稱，殆習孰因簡便而遂以爲常耶？

然令，體重也；教，體輕也。漢侯王、郡守之用，唐尚書七等之别，亦可稽矣。以東朝而猶稱教，則非所以致人主尊親之誠，此孝宗之孝所以不能安也。既詔太上皇后稱聖旨，而胡忠簡銓在後省猶執不可，曰：「大哉乾元，至哉坤元，聖人固嘗有其辨。」其言深切著明，而聖意篤於奉親，竟弗之許，故近世壽慈、壽康皆稽以爲據。

珂嘗申考治平三年正月丁丑濮議之詔，英皇嘗頒手札〔二〕，稱慈聖光獻太后爲慈旨。紹興元年五月十五日，刑部尚書權兼禮部尚書胡直孺等準詔討論昭慈册禮，其於欽聖憲肅皇后元符三年五月之詔，亦止稱慈旨。此乃本朝故事，固不可不參著也。孝皇初詔，陳魯公康伯嘗乞以慈旨稱，而孝皇以爲輕〔三〕，此蓋特制。劉良、李周翰注文選曰：「秦法，皇后、太子稱令，諸公、王稱教。令者，命也；教者，教示於人也。」蔡邕獨斷曰：「諸侯言曰教。」然則中宮亦當稱令云。

校勘記

〔一〕真神二廟　「廟」字原作「朝」，據學海本改。

〔二〕景祐四年正月十三日　「四年」宋會要輯稿帝系四之四作「三年」。

〔三〕而屬籍□□□□□□□□李文簡燾續通鑑長編　「而屬籍」下，底本、再造善本、明刊本均闕十二字，知不足齋本「燾」字之上有「李文簡」三字，據以補。

〔四〕思稽古以酌中　此六字宋大詔令集卷二改名詔、宋朝事實卷一祖宗世次均作「稽歷代之舊章」。

〔五〕真宗本聯元字　「字」底本、再造善本、明刊本、知不足齋本均作「年」，據學海本改。

〔六〕餘判官用卿監郎官　「判官」，周必大玉堂雜記卷上作「判推官」。

〔七〕此制書既不給告則當付有司施行　「制書既不給告則」七字原闕，據周必大玉堂雜記卷上補。

〔八〕建隆二年七月壬申太宗以晉王爲開封尹同平章事　「壬申」，長編卷二建隆二年七月作「壬午」。

〔九〕建隆元年八月甲申立皇后制曰　「八月」原作「七月」，據宋大詔令集卷一八立琅邪郡夫人王氏爲皇后制、長編卷一建隆元年八月甲申條、宋史卷二四二孝明王皇后傳改。

〔一〇〕晉羅友在桓温府　「桓」原作「亘」，避宋欽宗趙桓諱，今回改。

〔一一〕英皇嘗頒手札　「皇」字底本作「宗」，據再造善本、明刊本、知不足齋本改。

〔一二〕而孝皇以爲輕　「皇」底本作「惠」，據再造善本、明刊本、知不足齋本改。又，孝惠乃宋太祖賀皇后之謚。

愧郯録卷第三 六則

南北郊

洪文敏邁容齋四筆紀南、北郊一事，曰：

三代之禮，冬至祀天於南郊，夏至祭地於北郊。王莽於元始中改爲合祭，自是以來，不可復變。元豐中，下詔欲復北郊。至六年，唯以冬至祀天，而地祇不及事。元祐七年，又使博議。而許將、顧臨、范純禮、王欽臣、孔武仲各爲一説。逮蘇文忠軾之論出，於是群議盡廢。當時諸人之説有六：一曰今之寒暑，與古無異。宣王六月出師，則夏至之日何爲不可祭？二曰夏至不能行禮，則遣官攝行，亦有故事。三曰省去繁文末節，則一歲可以再郊。四曰三年一祀天，又三年一祭地。五曰當郊之歲，以十月神州之祭，易夏至之方澤，可以免方暑舉事之患。六曰當郊之歲，以夏至祀地祇於方澤，上不親郊，而通爟火，於禁中望祀。軾皆辟之，以謂無一可行之理。其文載於奏議，凡三千言。元符中，又詔議合祭，論不一，唯太常少卿宇文昌齡之議，最爲簡要，曰：「天地之勢，以高卑則異位，以禮制則異宜，以樂則異數。至於衣服之章、器用之具、日至之時，皆有辨而不同。夫祀者，自有以感於無，自實以通於虛，必以類應類，以氣合氣〔一〕，然後可得而親，可冀其格。今祭地於圓丘，以氣則非所合〔二〕，以類則非應，而求高厚之來享，不亦難乎？」後竟用其議，此兩説之至當如此。

珂按，二郊，重事也。中興以後，雖循合祭之制，大概不過三説：一以祖宗久行，神靈之所顧歆，崇、觀作新，卒無福應；一以經元祐宗工鉅儒之論，必不可破；一以因時制宜，難於頻舉重禮。然以珂考之，合祭之議，謂之便今可也，謂之合古不可也；分祭之議，謂之合古可也，謂之便今不可也。二議自不相揜，軾必欲兼取而合之，此所以啓後日紛紛之論。軾之自謂合於古者八，而六議不與焉，晚學蓋嘗竊疑之而不敢議也。及博觀紹聖間諸公之所以藉口者，則亦容有説矣，謹參以臆説而著之。

虞書肆類、禋、望，遍于群神，當時必不略地示之祀。夫受禪，大事也。祇見之初，固皆秩非常之禮。如漢、魏以後，升燎而後即位耳，恐未可以爲比，此一可疑也。

武王克商，柴祭上帝，望祭山川，未嘗有南郊、北郊之別。夫告成，亦大事也。且告非祭也，如今之奏告。國有大事則告之，固不容拘以二至，而亦不容循以爲常也，此二可疑也。

昊天有成命之詩，歌天而不歌地，使歌於北郊，則未有歌其所不祭，祭其所不歌者。夫般，「巡守而祀四嶽、河、海也」，其詩曰「允猶翕河」。若以爲祭則必歌，則海、嶽之祭將合於河乎？天作之詩，不言先公，猶曰一廟也。河、海異地矣，故或者以折陳祥道，而張商英首言之紹聖之初，此三可疑也。

春秋書「不郊，猶三望」，左氏以爲郊之細，魯猶及山川，周獨不及嶽、瀆乎？嶽、瀆苟得從祀，地示固必合祭矣。夫説者言三望，或以爲泰山、河、海，又以爲淮河，又以爲分野之星及山川，固自不同。禮三正記曰「郊後必有三望」，先儒以爲「助天布功」，是以祭天及之，皆於郊之明日。然春秋書猶以示譏，若曰廢其大而祀其細，則可譏耳。望未嘗合於郊也，蓋別祭也。逆計以及魯之禮，因魯以想周之制，此四可疑也。

天地合祭久矣，議者乃謂始於王莽，且禮當論其是非，不當以人而廢。夫書之紀虞、周，皆變禮也；詩、春秋之紀周、魯，皆疑辭也。則謂不始於莽，亦不過以十九章歌爲説耳。漢禮視古多違，要未爲確，此五可疑也。

光武親誅莽，尚采元始故事，八陛、重壇，皆南鄉、西上，見於建武之制。夫漢世郊禮駁矣，五時待我而具，高祖未嘗不因秦渭陽五帝之廟，汶上明堂之祠，多出方士之口。汾脽后土，至孝武而始舉，其制如圓丘之類，亦不經。漢不祭地示者六葉，匡衡改郊位〔三〕，隨輒罷去。終西漢之世，事地甚略。光武草創之爲，亦姑謂「度吾所能行」，或如高祖之因秦而已。中元之定七郊，仍别有方澤，恐未可據，此六可疑也。

水經注伊水東北，魏有圜丘，準漢日爲重壇，天、地位其上。夫漢已不足法，而魏可因乎？此七可疑也。

唐天寶元年，敕「皇地示宜如南郊合祭」，以後皆合于圜丘。夫天寶之時，視漢、魏益邈矣。且元豐之詔，固欲盡剗近代之陋，而一還成周之典。今以是爲證，果足以厭議者之心乎？此八可疑也。

夫摭其合者八而皆不免於疑，固將又求其所以合，則益趨於勝口矣。昌齡之議，截截明辨，如白黑一二之不可易是矣，抑不知軾之已出於此也。軾之言曰：

夫漢之郊禮，尤與古戾，唐亦不能如古。本朝祖宗欽崇祭祀，儒臣禮官講求損益，非不知圜丘、方澤皆親祭之爲是也。蓋以時不可行，是故參酌古今，上合典禮，下合時宜，較其所得已多於漢、唐矣。天地宗廟之祭，皆當歲遍。今不能歲遍，是故遍於三年當郊之歲。又不能於一歲之中再舉大禮，是故遍於三日。此皆因時制宜，雖聖人復起，不能易也。今並祀不失親祭，而北郊則必不能親往，二者孰爲重乎？若一年再郊，而遣官攝事，是長不親事地也。三年間郊，當祀地之歲，而暑雨不可親行，遣官攝事，則是天地皆不親祭也。夫分祀天地，決非今世之所能行。議者不過欲於當郊之歲祀天、地、宗廟，分而爲三耳。分而爲三，有三不可：夏至之日，不可以動大衆、舉大禮，一也；軍賞不可復加，二也；自有國以來，天、地、宗廟唯饗此祭，累歲相承唯用此禮，此乃神祇所歆、祖宗所安，不可輕動，動之則有吉凶禍福，不可不慮，三也。凡此三者，臣熟計之，無一可行之理，伏請從舊爲便。

又發其意於議中，曰：「古者以親郊爲常禮，故無繁文；今世以親郊爲大禮，故繁文有不能省。」珂謂止「常禮」、「大禮」二字自足以爲不可破之論，正不必區區求合以啓多言。今世之郊，士大夫識周禮者皆能心非之，特壓以軾之重望，而重以元祐諸公之公言。蓋謂昌齡名頗不著，紹聖以後爲是紛紛者，卒不可從。故雖邁著書，亦兩存其説，俱謂至當；而軾之所謂合古者，僅寘之不辨而已爾。不然，夫豈不知昌齡之非軾倫擬也耶？

珂嘗妄欲剟取軾之説而附益之，曰類、禋、柴、望，雖曰因事而見，然虞、周以躬事爲常祀，而以禪、告爲大祀。今將以分祭爲常祀，而以合祭爲大祀，斯可矣。唐賈曾議曰：「有虞氏禘黄帝而郊嚳，夏后氏禘黄帝而郊鯀。郊之與廟，皆有禘也。禘於廟則祖宗合食於太祖，禘於郊則地祇、群望合食於圓丘，以始祖配享。蓋有事大祭，非常禮也。」褚無量、郭山惲皆以曾言爲然，今亦將以分祭爲郊，而以合祭爲禘，斯可矣。明皇天寶之敕曰：「凡所祠享，必在躬親。朕不親祭，禮將有闕。」始用合祭，於是唐世皆遵行之。今又將以分祭爲攝事，以合祭爲親祠，斯可矣。蓋是三者，凡以爲二字之異而辨之者也。周禮，一歲祀天者三，明堂享帝者一，四時迎氣者五，祭地者二〔四〕，饗宗廟者四，凡此十五者，皆天子親祭也。而又朝日、夕月、四望、山川、社稷五祀，及群小祭之類，亦皆親祭。夫天地異位，禮樂異數，不可同，固也。五方異尚，流峙異形，陰陽異宜，昏明異用，其不可同致均也。今六變致神之樂，同而用之，何也？六冕有別，王祀皆親，隆殺雖殊，親見則一。故社稷最貴，雖賞刑必受命；嶽瀆至重，雖封建不以封，其不可攝事均也。今列壝從祀之禮，分而獻之，何也？拜日東郊，揖月西望，迎氣以應，合蜡以成，以時感神，因地致敬，其不可合處均也。今圜丘一方之地，合而饗之，何也？是三者凡以爲二說之異而合之者也，訂而考之，固將知所處矣。夫分郊而祀，從祀亦宜分之也〔五〕。日、月、星辰合於天，日春、月秋可以盡格於冬至乎？四嶽、海、瀆合於地，岱東、華西可以盡致於北郊乎？合於南郊非古也，猶曰來享者，屈於天之尊也，格於禮之大也。分而不能盡合於古，又不能盡格於神，則亦無說矣。故必欲分南、北郊者，非盡罷從祀則不可分；從祀之禮，非天子能親遍群祀則不容罷；親遍群祀，非盡用周之禮樂則不如不遍；盡用周之禮樂，非能封建如周，使諸侯分治其國，而王朝之事，日簡一日，惟專意於祭，則不能盡用。嗚呼，亦難矣！當時曾肇謂：

「祭者，順陰陽之性，或燔，或瘞，或沉，或埋。今於地示，事之非其方，致之非其類，又違於時，以此事地，未必來享。而便謂此爲親見地示之實，此臣所未諭。」其論甚美，然不知歲固有祀矣，祀固因其方、用其時、行其禮樂矣，特此爲大祀。虞、周之曰類，曰禋，曰柴，曰望，果皆合其方、因其類而用其時乎？此可爲因革之辨，而不足爲二説之折衷明矣。

又按，分祭之議，肇於元豐三年詳定禮文所之言。五月甲子，陳襄初請親祀之歲，夏、冬疊舉二祀；李清臣請用後漢五位之制，親祀之歲，宿廟以告，宿北郊以祭，宿南郊以祀，止以一時；王存請以孟冬純陰之月；陸佃請用魯三望之制，即圓丘之北，別祀地示；張璪請盛禮容、具樂舞，遣冢宰攝事。又詔更加講求。明年四月己巳，李清臣、黄顔、王仲修、楊傑、何洵直、葉祖洽、文及甫、張璪、陸佃皆列名上議。惟陳薦援成命之詩，媪神、並況之章，以爲不始王莽，乞姑仍舊；曾肇請損儀衛之虚文，以就躬事地示之實。是日遂下詔：「親祠如南郊；如不親祠，上公攝事，仍別修定攝事儀制。」六年五月甲申，禮部、太常寺上親祠及攝事者儀以獻，詔行之。時猶未敢以躬祭爲必行也。七月庚申，築方丘。是年十一月丙午，冬祀遂不復設地示位。元祐初政，兩行大饗。七年三月，始議復合。九月戊子上議，戊戌詔以初見于郊，姑設地示位，竣事復議。十一月癸巳，郊。八年二月壬申，軾議始上。四月丁巳，遂詔罷集議，仍用合祭。紹聖元年五月甲寅，以右正言張商英言，詔禮官詳議。戊午，中丞黃履復言，詔送禮寺。二年正月辛亥，又詔議如何可以親行祭地之禮，然後可罷合祭，時又未敢以合祭爲全非也。三年正月戊午，遂詔間因大禮，躬祭地示，然實未嘗行。至政和四年五月丙戌，始克行方澤。蓋三十二年之中，大典凡三變，而地示僅元祐一祭而已。雖哲、徽堅主其議，亦十九年而乃得行，其難如此。

又按，元祐之議主合祭者，吕大防、蘇頌、蘇轍、鄭雍、蘇軾、顧臨、范祖禹、錢勰、李之純、蔣之奇、喬執中、吴立禮、張璪、王欽臣；主分祭者，范百禄、范純禮、彭汝礪、范子奇、曾肇、王覿、豐稷、韓宗道、劉安世、孔武仲、陳軒、盛陶、宇文昌齡、楊畏、董敦逸、黃慶基、虞策、孫路、歐陽棐、韓治、朱彦、宋景年、閻木、杜純。而欽臣則僅乞以初見天地並祭，以謝丕況；純又主苑中爟火望祠之議者也；武仲議亦稍異。紹聖之議主合祭者，錢勰、范純禮、韓宗師、王古、井亮采、常安民、李琮；主分祭者，蔡京、林希、蔡卞、黃履、吴安持、晁端彦、翟思、郭知章、劉拯、黃慶基、董敦逸、豐稷、傅楫、葉祖洽、劉定、黃裳、盛陶、虞策。稷、楫、祖洽欲省儀以便祭，定、裳、陶、策則遷就十月神州之祭者也。其説皆具是矣。軾又以丁未祀周廟爲先廟後郊，亦周之禮，蓋亦以變爲常爾。至如力奏乞集議之日，互相詰難，以盡衆心。而祖禹遽白大防以「當自朝廷酌其可否而行之，若使相詰，必致紛争失體」，繼遂併集議而罷。故商英之撼時論必以爲稱首，亦有以啓之歟？要知議禮大事，不可以不詳且謹云。

思陵近誤

金酋雍立，追葬東昏王亶，正其廟謚。珂嘗讀徐夢莘三朝北盟集編有大定僞下改窆之詔，曰：「朕惟熙宗孝成皇帝以武元嫡孫，受文烈顧命，昨其即位，十有五年，偃兵息民，中外乂安。惟海陵庶人亮，包藏禍心，覬覦神器；誘煽姦黨，遂成篡逆。而又厚誣盛德，降從王封。亮既得志，肆其兇殘，不道之極，至於殺母，人怨神怒，自底誅滅。惟皇天眷祐于我家，肆予一人，纘承先緒，暴其悖惡，貶爲庶人，仍黜其殯於兆域之外。仰惟熙宗位號宜正，是以問者稽之禮文，升祔大寶，復加美謚，尊而宗之。惟是葬非其所，蓋常慊然。爰命有司，卜地涓日，奉還梓宮，已於十月初八日備禮改葬於思陵，庶幾有以慰在天之靈焉。」

按武元即阿骨打，文烈即吳乞買，僞號太祖、太宗，名旻與晟者也。亶故名喝囉，又名曷剌馬；父曰聖果，又曰室曷，名宗悛。亶以梁王爲按班諳版孛極列〔六〕，蓋晟以繼及之，約授之儲副，嗣位於紹興五年、僞天會之十三年，弑於紹興十九年、僞皇統之九年。壬戌之盟，實與高皇定和，好爲與國。而淳熙因山之始，大臣失於審訂，襲而用之。耳目所接，其誤又不可與叱奴同日而語。旻之陵曰泰，晟曰豫，泰雖與哲廟同稱，實先後二十四年，祖吾故智，尚無嫌也。

諸陵複名

僖祖陵曰欽，順祖曰康，翼祖曰靖，宣祖曰安，太祖曰昌，真宗曰定，仁宗曰昭，哲宗曰泰，欽宗曰獻，實犯後周慶祖，漢平帝、殤帝、唐太祖、後晉睿祖、僞南漢高祖，唐武后烈祖、昭成竇后、昭德王后、僖宗，漢惠帝、南齊宣帝、後梁敬祖，後晉憲祖，吴景帝、元魏肅宗、周天元、唐中宗，周明帝、唐太宗、僞南漢中宗，元魏宣武順于后、唐玄宗〔七〕，高祖已用之名。靖、定二號，凡再改而皆出於複，其弗審爲尤甚。思、崇已出前記。自真宗而下聯「永」字稱謂，雖同紀録猶異。若三祖迺國初定制，名止一字，直相混爲一，不可别矣。南齊宣帝、後梁敬祖之爲安，魏于后之爲泰，唐太祖之爲康〔八〕，亦皆聯「永」字云。

館學輕重

王明清揮麈録曰：「政和中，詔天下州縣官皆帶提舉管勾學事。時姚麟以節度使守蔡州，建言乞免繫階，朝廷許之。靖康初除去，紹興中復增，但改庶官爲主管。時孟信安仁仲來帥會稽，先人寓居，孟氏與家門契分甚厚〔九〕。仁仲以兄事先人，入境語先人云：『忠厚與秦檜雖爲僚壻，而每懷疑心。今省謁攢宮，先入朝，然後開府，從兄求一不傷時忌對劄。』先人舉此，仁仲大喜，爲援麟舊請，草牘以上，奏入即可。尋又降旨。自此武臣帥守並免入銜，行之至今。」

珂按日曆，紹興二十七年二月壬子，少師、信安郡王孟忠厚提舉祕書省。四月，忠厚薨。竊謂館學皆清選，況內外異宜，因創殊制。辭受之際，要未知所輕重也。中興初，忠厚嘗班延閣，繼又歷宥府，固不顓以肺腑進，豈前日之不受專以檜忌故耶？南渡開壁府，惟秦熺以恩澤侯始居此官，蓋亦祖政和七年五月辛卯蔡攸兼領之制。忠厚繼之，後不復除授。慶元丙辰詞科始以命題，試者多忽不考，是歲無合格者。

階官避家諱

律文有私諱冒榮之禁，故四銓之法遇磨勘階官之稱，與其三代諱相值者，許其自陳，授以次官，謂之寄理，遂以繫之官稱之首。珂按，國朝著令：「諸官稱避家諱者，擬以次官。」元豐改官制，或有或無，於是元符令又附益之云：「或授舊官」。歷考條令，初無以二字入銜者，厲世磨鈍之柄，而下之人得以寄稱，掌故之野亦明矣。士習目睫，恬不知怪。開禧丙寅，李參預壁爲小宗伯，會課當遷中奉大夫，正其祖諱，援故實自言不帶寄理，詔從之。繼參大政，復還中大夫，而稱朝議大夫自若。朝論以爲得體，然銓法迄今亦莫之改也。

贈官回避

避諱之制雖見於令甲，而贈官告第階稱或□所犯，司封乃無明文。珂在故府，嘗訪其事於天官，竟無曉者。後閲洪文敏邁容齋三筆紀「李燾仁甫之父名中，當贈中奉大夫，仁甫請諸朝，謂當告家廟，與自身不同，乞用元豐以前官制，贈光禄卿。丞相頗欲許之。予在西垣聞其説，爲諸公言：『今一變成式，則他日贈中大夫，必爲秘書監；贈太中大夫，必爲諫議大夫，決不可行。』遂止。」按，周人以諱事神，名終將諱之。錫告榮先，焚黄丘壠，爲人子之榮也。而顧犯其所諱不安孰大焉？父前子名，君前臣名，朝廷之著位，以一人之私而易之，亦非也。況綸告之中，固書所贈官之姓名，而今世士大夫仕于朝者，亦未嘗自避其名。推此言之，雖無避可也。其或祖名某，而贈父官稱寔犯之，使父而在，猶將避而不敢當。如此雖贈以次官，亦可也。臆度如此，未知其當，更俟博識。

校勘記

〔一〕必以類應類以氣合氣　「以類應類」四字原脱，據容齋四筆卷一五北郊議論、宋史卷三五三宇文昌齡傳補。

〔二〕以氣則非所合　「以」字上原衍「合」字，據容齋四筆卷一五北郊議論、宋史卷三五三宇文昌齡傳删。

〔三〕匡衡改郊位　「匡」字原作「康」，避宋太祖趙匡胤諱，今回改。

〔四〕祭地者二　「二」字原作「三」，據蘇軾文集卷三五上圓丘合祭六議劄子、宋會要輯稿禮三之一四改。又，下文有「凡此十五者」，亦可知「三」字當作「二」。

〔五〕從祀亦且分之也　「宜」原作「且」，據學海本改。

〔六〕亶以梁王爲按班諳版孛極列　案，「按班」、「諳版」同，今姑存之。

〔七〕元魏宣武順于后唐玄宗　「玄」字原作「元」，避宋聖祖趙玄朗諱，今回改。

〔八〕唐太祖之爲康　「唐」字原闕。案，唐會要卷一：「太祖景皇帝諱虎，武德元年六月二十二日追尊景皇帝，廟號太祖，葬永康陵。」知所謂太祖者當爲唐太祖，據以補「唐」字。

〔九〕孟氏與家門契分甚厚　「門」原作「間」，據揮麈前録卷二改。

愧郯録卷第四　五則

先廟後郊

珂前辨南北郊，妄意以禮之大者與常禮異，折衷古今，以俟博識。及考元豐六年十月庚辰太常丞吕升卿所奏，則先廟後郊當時亦嘗有議之者，反覆其論，可謂至當。而迄不見於用，則蓋有弗便乎？今雖欲力行，不可得也。珂故因是而發其餘論焉。

升卿之言曰：

近以郊祀致齋之内，不當詣景靈宫及太廟朝饗，遂具奏。伏聞止罷景靈宫諸處朝謁，而天興殿及太廟朝饗如故。臣伏以郊丘之祀，國之大事，有天下者莫重乎饗帝。臣歷考載籍，不聞爲祀天致齋乃於其間先饗宗廟者也。獨有唐天寶之後，用田同秀之言，立老子廟，號曰「太清宫」。是歲將行郊祀，以二月辛卯先躬享焉，祀用青詞，饋用素饌。甲午，又親享于太廟。丙申，乃有事于南郊。終唐之世，奉而行之，莫知其非。雖論者以爲失禮，然考其初，致齋之日，乃辛卯享于太清宫，至丙申，殆且五日，乃得雍容休息，以見上帝也。

今陛下致齋三日，其一日於大慶殿，而用其二日三行禮焉。古之大祀，未有不齋三日而敢與神明交者，故經曰：「齋三日，一日用之猶恐不敬，二日伐鼓何居？」蓋先王之於祭祀之齋如此其謹也。今陛下行禮於天興殿，才齋一日爾。其之太廟與郊宫也，前祀之一日皆嘗用之矣，謂之一日之齋，尚非全也。夫用一日之齋以修大祀，未見其可，況非全日乎？於以奉宗廟，則齋之日不足；於以事上帝，則齋之儀不專〔一〕。陛下恭嚴寅畏，三歲一修大禮，將以受無疆之休，其爲致齋者乃如此，殆未稱昭事之意也。

今太廟歲有五大享，皆如古矣。又於郊祀復修遍享之禮，此爲何名乎？論者曰：宗廟之禮未嘗親行，故因郊祀恭展薦獻。臣曰不然。唐太宗時馬周言曰：「陛下自踐位，宗廟之享未嘗親事。竊惟聖情以乘輿一出，所費無藝，故忍孝思，以便百姓，遂俾唐史不書『皇帝入廟』，何以示來葉？」良謂此也。且人主於宗廟之享，自當歲時躬修其事，其不親饗者，蓋後世之失禮也。今日必因郊禮以行之，則義尤不可。夫因者，不致專之謂也。七世聖神，儼在清廟，朝廷不特講歲時親行之禮，而因以饗之，此非臣之所聞也。

臣愚以謂，今郊禮宜如故事，致齋於大慶殿，二日，徑赴行宮，其宮廟親饗並乞寢罷。或車駕必欲至太廟，即乞止告太祖一室，以侑神作主之意。撤去樂舞，以盡尊天致齋之義。其天興朝饗，乞更不行。請如新降朝旨，俟禮畢而恭謝。伏請繼今日已往，別修太廟躬祀之制，歲五大享，乘輿親臨其一焉。仍望自今歲臘饗爲首，於明年行春祠之禮；禴與烝嘗，自次年以叙終之。每遇行廟享之時，則罷景靈宮一孟朝謁之禮，廟享致齋，乞於内殿，出入如常儀。如此則祀天、饗親，兩得其當矣。

珂按，先廟後郊，蘇文忠軾嘗引書武成證爲周禮，而珂固疑其即變禮以爲常矣。升卿謂「古之大祀，未有不齋三日而敢與神交者」，考之武成：「厥四月丁未，祀于周廟，越三日庚戌，柴望，大告武成。」雖禮之變，猶必歷三日而後柴望，則升卿之言，豈非明據？然珂謂升卿之論廟享，歲五大享而臨其一，乃殺禮也，非備禮也。行廟享之時，則罷景靈宮一孟朝謁之禮，廟享既與景靈迭用，且致齋内殿，出入如常儀，乃常禮也，非大禮也。夫天地，大祭也；祖宗，大祭也。隆禮備物，不可偏廢，其勢必如仁宗祫享之制，始合於禮之宜。夫嘉祐之行祫也，以代三年之郊也。輅而齋，冕而事，門而肆眚，皆郊制也。前乎元年恭謝于大慶，後乎七年大享于明堂，則四年之祫，適三年之中也。如升卿言，是以常禮享祖宗，而以大禮祀天地也。若每歲而入廟，又三歲而出郊，禮有隆而無殺，知其必不能也。

知乎此，又益知乎南北郊之不可以兼舉也。分郊而祭，舍升卿之説，則太廟、原廟之享不知其存乎？否也。苟存也，則先南郊祀之，先北郊亦祀之。祖宗之祭二，而天地之祭一；祖宗三歲而遍，天地六歲而遍。以卑踰尊，不可也。苟廢也，則原廟恭謝之制，就可如升卿之説。而太廟則不可以乏享也，享不可以殺禮也，是又於何時增此一郊耶？其疏其數將於此乎？益無統矣。

魚袋

國初承五季草創，官儀未備。熙陵既卒伐功，垂意右文，彌文浸舉，章服稽古，以爲後則。雍熙元年十一月丁卯祀南郊，大赦，初許陞朝官服緋、緑及二十年者〔二〕，叙賜緋、紫，内出魚袋以賜近臣。自是内外陞朝文武皆帶。凡服紫者飾以金，服緋者飾以銀。京朝官、幕職州縣官賜緋紫者亦帶，親王、武官、内職、將校皆不帶。國朝魚袋之制自此始。珂嘗以歐陽文忠修、劉昫新、舊唐史、唐會要考訂其由，雖詳創革，然其所以創者，抑寓它説，殆非國朝所當因也。

會要：「高宗永徽二年四月二十九日，開府儀同三司及京官文武職事四品、五品並給隨身魚袋。」舊史輿服志以爲五月，新史車服志不著年月，以爲三品、五品有飾金與銀之別，且出内必合，以防召命之詐。還考會要，永徽五年八月十四日敕：「恩榮所加，本緣品命。帶魚之法，事彰要重。豈可生平在官用爲褒飾，纔正亡殁便即追收？尋其終始，情不可忍。自今已後，五品已上有薨亡者，其隨身魚不須追收。」如此，則魚袋本以褒飾，恐不專以防詐僞也。

會要又載：「咸亨三年五月三日，始令京官四品、五品職事佩銀魚〔三〕。是日，内出魚袋遍賜之。」舊史亦載此年月：「五品以上賜新魚袋，並飾以銀；三品以上各賜金裝刀子、礪石一具。」參之新史，魚袋之賜，與分品賜飾年月迥别，本非一時事，又初無金飾魚袋之制，所謂金飾者，乃刀子、礪石耳，斷文紀事，固已失實。

會要武后垂拱二年正月二十日敕：「諸州都督、刺史並準京官帶魚。」新、舊史載年月無訛。按，外鎮督、刺自有魚符，初不假魚袋以信召命，益驗褒飾之説爲可據。所以給之者，欲以均内外之寵而已。

會要：「天授元年九月二十六日，改内外官所佩魚爲龜。至中宗神龍元年二月四日，在京文武官五品以上，依舊式佩魚袋。久視元年十月十三日，職事三品以上龜袋，宜用金飾，四品用銀飾，五品用銅飾，上守下行，皆依官給。神龍元年六月十七日敕〔四〕：『嗣王、郡王有階卑者，許佩金魚袋。』至玄宗開元元年八月二十日〔五〕，諸親王長子先帶郡王官階卑者，亦聽著紫、佩魚袋。神龍二年八月制：『京文官五品已上，依舊式佩銀魚。』中宗景龍三年八月〔六〕，令特進佩魚，散職佩魚自兹始。」新、舊史雖有詳略，其事互同，則改魚爲龜，正武后革命時事。而中宗反正，不俟淹時，即復其制，要必有深意，不直爲外飾。

蘇氏記又曰：「自永徽已來，正員官始佩魚，其離任及致仕，即去魚袋；員外、判、試并檢校等官，並不佩魚。至開元九年九月十四日〔七〕，中書令張嘉貞奏〔八〕：『請致仕官及内外官五品已上，檢校、試、判及内供奉官見占闕者，聽準正員例，許終身佩魚以爲榮寵，以理去任亦許佩魚。』自後，恩制賞緋、紫，例兼魚袋，謂之章服。」

會要景雲二年四月二十四日敕：「魚袋著紫者金裝，著緋者銀裝。」新史：「開元初，駙馬都尉從五品者假紫金魚袋，都督、刺史品卑者假緋銀魚袋。」參稽並觀，則散官、員外、判、試、檢校皆佩魚，又許終身，雖去任亦佩。益驗褒飾之説爲不誣，而防詐之制爲已變也。假紫、假緋正今日借服之所自始，而金、銀、銅之飾雖肇於久視，而用以假紫、假緋而無間内外品秩者〔九〕，蓋至於景雲而後定。新史分品賜飾，謂在高宗朝，益見其非。

珂後因閲朝野僉載有曰：「唐上元年中，令九品已上佩刀礪筭袋，紛帨爲魚形，結帛作之，取魚之衆鯉，彊之兆也。至天后朝乃絶，景雲之後，又準前結帛魚爲飾。」竊疑魚袋之始，意或出此。武后既廢帛魚，亦改龜佩，正一意度耳。及考雜傳記，見唐李淳風讖書有江中鯉魚十八子之説，爲唐受命之符。又酉陽雜俎載唐律：「取得鯉魚即宜放，仍不得喫，號『赤鯶公』，賣者，決六十。」程文簡大昌演蕃露載：「武后以玄武爲龜〔一〇〕，故改龜佩。」稡此數説，始信所疑爲有據依。

新史又載：「高祖初入長安，罷隋竹使符，班銀菟符，其後改爲銅魚符，以起軍旅、易守長，京都留守、折衝府、捉兵鎮守之所及左右金吾、宮苑總監、牧監皆給之。宮殿、城門給交魚符、巡魚符，左廂、右廂給開門符、閉門符，蕃國亦給之，雄、雌各十二，銘以國名，雄者進内，雌者付其國。朝貢使各賫其月魚而至，不合者劾奏。」又新史載魚袋顛末曰：「隨身魚符者，以明貴賤，應召命，左二右一，左者進内，右者隨身。皇太子以玉契召，勘合乃赴。親王以金，庶官以銅，皆題某位姓名，官有貳者加左右，皆盛以魚袋。三品以上飾以金，五品以上飾以銀，去官納之，不刻者傳佩相付。」復考帝紀，高祖以隋義寧元年十一月甲子入京師，二年四月辛巳停竹使符，班銀菟符，五月甲子受禪，改元武德，九月癸丑，改銀菟符爲銅魚符。則草昧之初，所以汲汲易之者，正以爲開國之兆，而其他一切之用符契皆以魚，意尤不待辨而可察也。在隋之先，雖亦嘗用魚符矣，特偶然以爲飾，至唐用讖，正指此以神其革命，又不當以隋爲比。

新史雜載之説，正防僞之源流，要是符盛以袋，雖出初意，袋飾以魚，本爲寵章。金銀之飾，初無年月，自當以紀爲正，後雖不合符者，亦得佩，意益顯然。其不可泥初創之制亦明矣。然則國朝因之，可乎？洪文敏邁容齋四筆載：「隨筆書衡山唐碑别駕賞魚袋之名不可曉。今按唐職林魚袋帶門〔二〕，叙金玉銀鐵帶及金銀魚袋，云開元敕『非灼然有戰功，餘不得輒賞魚袋』，斯明文也。」

珂按，以魚袋充賞，蘇氏記、新、舊史皆有「賞緋、紫例兼魚袋」之文。會要開元二年閏二月敕：「承前諸軍人，多有借緋及魚袋者，無功借賞，深非道理，宜敕收取。郎將以上，先借後奏。其靈武、和戎、大武、幽州鎮軍〔三〕，赤水、河源、瀚海、安西、定遠等軍既臨賊衝，事藉垂賞，量軍大小，各賜金魚袋一二十枚，銀魚袋五十枚，並委軍將臨時行賞。」則賞魚袋出處亦可與職林參見也。馬永卿懶真子録載：「陝府平陸主簿張貽孫問魚袋制度，而答以『今之魚袋，乃古魚符，必以魚者，蓋分左右可以合符。唐人用袋盛魚，今人以魚飾袋，爲非古制』。」要亦未詳考其由云。

服章入銜

今之賜章服入銜者，服紫者曰「賜紫金魚袋」，服緋者曰「賜緋魚袋」。其爲連率、職司、節鎮、支郡倅貳，服色未至而應隔借若序借者，服紫者止曰「借紫」，服緋者止曰「借緋」，所借魚袋不以入銜，而實得佩魚如正賜者。

珂按，唐故事，假紫者金魚袋，假緋者銀魚袋，見於新史開元之制。本朝雍熙郊赦，雖復賜魚，而不及借服者。考之續會要，政和元年十一月十七日，尚書兵部侍郎王詔奏：「今監司、守倅等並許借服色，而不許佩魚，即是有服而無章，殆與吏無別。乞今後應借緋紫臣僚，並許隨服色佩魚，仍各許入銜。候回日依舊服色。」從之。則借服得佩魚，蓋自是年始也。然當時詔所奏既許以借佩，又許以入銜，則凡今之結銜者，皆當全書「金魚、銀魚袋」，而有司給告、敕，例不帶行，則被借者無緣敢自以入銜，此南渡而後，掌故散訛之失也。又有位登法從而未至八座者，於法止賜金帶，不復佩魚，而每於官職封賜，全銜猶帶「賜紫金魚袋」，被賜者亦不敢削去。則是借服本有佩，不得入銜；賜帶雖無魚，迺循誤例。名實有無，於是舛矣。蓋凡除授，率中書關尚書，賜敕或下天官給告，因襲前比，不復檢覈，士大夫亦忽不考云。

執政階官封爵

元豐官制初行，以特進易左、右僕射，金紫、銀青易六曹尚書。自特進而上，非宰相不除，執政雖久次，階亦止金紫，爵不過開國。蓋祖宗朝參、樞，例官惟得至八座，間如李至之類，亦僅寵以節鉞，無爲僕射者。夏竦徽國非端揆，蓋相制已頒而格，且爲樞密使，而後得之。故元豐稽以爲比，所以辨等衰、重名器也。

然在昔時，侍從官得至吏部尚書，實今金紫。洪文敏邁容齋三筆載：「紹興以來，惟梁揚祖、葛勝仲以致仕得之。」自是而後，始以兩階爲重，專待執政。從橐至光禄者已絶少，不復可以序進。何元樞澹去國及今十五年，不改金紫階；洪文敏邁、沈憲敏樞以宣奉上課皆不行，後以致仕及子遇郊叙封而後得之。文敏亦自著其事於三筆，此最近日明證。

珂嘗考之徽宗詔旨，宣和元年二月戊戌：「特進、知樞密院事鄧洵武爲少保，依前知樞密院。」詔以洵武首議紹述，故録其功也。既又封莘國公，雖其年三月癸丑，御筆恩數並依宰臣例，乃正以已除少保之故而與之，且其爲賜位，時元未有此旨。是執政階官、封爵似無限法矣。當時以元豐改制，不置樞密使，故洵武止以知院視宰臣。

珂又按，蔡元道官制舊典曰：「政和後，薛昂帶觀文殿學士任特進，白時中以門下侍郎帶特進，皆失舊制。繼詔並改金紫光禄大夫，今後非宰相不除。」則是政、宣間雖時有侵紊，尚能申儆初制。如蔡攸之與京恩倖震天下，乃自殿學士由節鉞序進儀同，遂班孤棘，它日領宥府，蓋已在爲傅之後。而紹興間秦檜以舐犢之愛，其子熺自知院引嫌罷，纔降「恩數比宰相」之旨，遂歷大觀文、少師，封國公，其躐進捷出有京、攸之所不敢爲。蕩滅典法，餘焰至今，尚可想也。葛文康勝仲行狀謂勝仲以左宣奉謝事，文敏亦誤紀耳。或謂元豐寄禄條目開府、特進爲散執官，金紫至太中爲侍從官。予之以其名而陰尼其所至，殆不可曉。珂竊謂不然，今著令有曰「觀文殿大學士至諸閣待制爲侍從官」，而世未有以舊槖除大觀文者。泥文捐實，固不得輕議聖制也。

尚書之名

今世爲尚書者，尚字皆從平聲，都省之名亦然。珂嘗竊疑其義有所未解，考之宋書百官志而後知其訛。志之言曰：「尚書，古官也。舜攝帝位，命龍作納言，即其任也。周官司會，鄭玄云『若今尚書』矣〔一三〕。秦世少府遣吏四人，在殿中主發書，故謂之尚書。尚猶主也。漢初有尚冠、尚衣、尚食、尚浴、尚席、尚書，謂之六尚。戰國時已有尚冠、尚衣之屬矣。秦時有尚書令、尚書僕射、尚書丞。」然則尚書之稱，當從去聲，而非平聲，亦既明甚。第鄭康成注周禮司會曰：「司會，計官之長，若今尚書。」唐陸德明釋其音曰「常」。雖有此據，了不知其義之所繇取，此殆今世襲稱之始也。徽宗朝復殿中省，有六尚。今内省品秩猶有尚宮等稱，謂益無可疑云。

校勘記

〔一〕齋之儀不專　「儀」字長編卷三四〇元豐六年十月庚辰條作「義」。

〔二〕初許陞朝官服緋緑及二十年者　「緑」字原脱，據長編卷二五雍熙元年十一月丁卯條、宋史卷一五三輿服志五、宋會要輯稿輿服四之二八補。

〔三〕始令京官四品五品職事佩銀魚　「五品」二字原脱，據唐會要卷三一、册府元龜卷六〇帝王部六十立制度補。

〔四〕神龍元年六月十七日敕　「六月」原作「九月」，據唐會要卷三一、通典卷六三禮典二十三、舊唐書卷四五輿服志改。

〔五〕至玄宗開元元年八月二十日　「玄」字原作「元」，避宋聖祖趙玄朗諱，今回改。又，「元年」，通典卷六三禮典二十三作「九年」。

〔六〕中宗景龍三年八月　「中宗」原作「睿宗」。案，景龍爲中宗年號，非睿宗，令特進佩魚亦中宗景龍三年之事，據以改。

〔七〕至開元九年九月十四日　「九年」原作「八年」，據唐會要卷三一引蘇氏記、舊唐書卷四五輿服志改。

〔八〕中書令張嘉貞奏　「貞」字原作「正」，避宋仁宗趙禎諱，今回改。

〔九〕而用以假紫假緋而無間内外品秩者　「假紫假緋而無間内外」九字原闕，據學海本、新增格古要論卷一二唐賜紫金魚袋賜緋銀魚袋魚符考引愧郯録補。又，以行格計，底本、明刊本、知不足齋本均闕八字，頗疑「而」字爲衍文，應爲「假紫假緋無間内外」，然無版本依據，今暫補九字。

〔一〇〕武后以玄武爲龜　「玄」字原作「元」，避宋聖祖趙玄朗諱，今回改。

〔一一〕唐職林魚袋帶門　「魚袋帶門」容齋四筆卷一〇賞魚袋出處作「魚帶門」。案：下文有「叙金玉銀鐵帶及金銀魚袋」，疑容齋四筆脱「帶」字。

〔一二〕其靈武和戎大武幽州鎮軍　「大武」原作「天武」，據唐會要卷三一、册府元龜卷六〇帝王部六十立制度改。

〔一三〕鄭玄云若今尚書矣　「玄」字原作「元」，避宋聖祖趙玄朗諱，今回改。

愧郯録卷第五 九則

永固更號

永固陵之易，中興會要不載所以，惟張澄奏「不犯歷代陵名」一語，粗見微意。而王明清揮麈録迺自以爲其父所建明。明清之言曰：「紹興戊午，徽宗梓宫南歸有日，秦丞相當國，請以『永固』爲陵名。先人建言：『北齊叱奴皇后寔名矣，不可犯。且叱奴，夷狄也，尤當避。』秦大怒，幾蹈不測。後數年，卒易曰永祐。」

珂按，叱奴后本非北齊，乃宇文周也，其謚曰文宣。明清當是見北齊有文宣帝，謚號偶合而誤記耳。遡是而上，又有元魏文明馮后，亦葬永固，蓋在叱奴之前，而明清不知援證，其誤又可見。中興會要之注曰：「先是，有詔於西京修奉陵寢，有司撰陵名永固，既而梓宫權攢紹興府會稽縣，故改今名。」則秦檜當時蓋不肯自以爲誤，姑以攢宫非久固之地而易之。味澄之奏，則檜密諭之旨不言而知矣。今中都吴山城隍廟額，亦曰永固，雖陵名已更，要似不可因仍，而尚未有議之者焉。

熙寧崇寧年號

神宗初即位，踰年改元熙寧，盡十年而改。徽宗初改元，踰年又改崇寧，盡五年而改。珂按，二號皆劉宋陵名，高祖武帝之婕妤、太祖文帝之母曰章胡太后，實號熙寧；太祖文帝之美人、太宗明帝之母曰宣沈太后，實號崇寧。藝祖考鑑背而易乾德，蓋以稱謂之重複耳。複猶不可，此名可乎哉！一時當國者，其不審亦甚矣。

泰安宫

紹熙甲寅，光宗既堅與子之斷，移御泰安宫。既而聖躬猶未清安，朝議請易宫名爲壽康，以覬導迎箕疇之福。壽康複名，珂固前記之矣。嘗再考南齊書，太祖高皇帝實葬泰安陵，二字皆同，則瞭然知其非所宜稱也。一時降詔定名之際，詞臣亦失於考閲云。

五齊三酒

珂之仕中朝，屢攝官莅祠祭。每見尊彝之設五齊三酒，皆有其名而實無之，惟將事則取具天府，蓋止一色公醖耳。聞之容臺吏，尊罍之下率多空，惟一尊僅寘杯勺以共祭。它日又攝光禄丞，得先祭贊閱視酒饌。又攝太官令，躬酌酒實爵，得窺其中，蓋皆如言。則其初點饌之際，執事者徒再倡酒齊之目而已，於以驗其名殊而實一也。

嘗讀周禮正義，頗疑醖法不明，古制難復。考之通鑑長編，元豐六年十月甲申，光禄卿吕嘉問言：「光禄掌酒醴，祠祭尊罍，相承用法酒庫三色法酒，以代周禮所謂五齊三酒，恐不足以上稱陛下崇祀之意。近於法酒庫、内酒庫，以醖酒法式考之禮經五齊三酒。今醅酒，其齊冬以二十五日，春秋十五日，夏十日，撥醅瓮而浮蟻湧於面，今謂之撥醅，豈其所謂泛齊耶？接取撥醅，其下齊汁與滓相將，今謂之醅芽，豈其所謂醴齊耶？既取醅芽置篘其中，其齊葱白色入焉，今謂之帶醅酒，豈其所謂盎齊耶？冬一月，春秋二十日，夏十日，醅色變而微赤，豈其所謂緹齊耶？冬三十五日，春秋二十五日，外撥開醅面觀之，上清下沉，豈其所謂沉齊耶？今朝廷因事而醖造者，蓋事酒也；今踰歲成熟蒸醖者，蓋昔酒也；同天節上壽燕所供臘醅酒者，皆冬醅夏成，蓋清酒也。此皆酒，非所謂齊也。是知齊者，因自然之齊故稱名，酒者成就，而人功爲多。故饗神以齊，養人以酒，竊恐典禮如此。又司尊彝曰：『醴齊縮酌，盎齊沉酌。』依經傳，則泛齊、醴齊以事酒和之，用茅縮酌；其盎齊、緹齊、沉齊，則以清酒和之，不用茅縮酌。如此，則所用五齊不多，而供具亦甚易，蓋醖酒料次不一，此五種者成而皆自然。伏望聖斷，以今之所造酒與典禮相參審，或不至差謬。乞自今年郊廟共奉。」上批：「嘉問論證，似有理趣。今宗廟所實尊彝酒齊未備，就且如其說用之，於理無害。」然則當時蓋嘗施用，而又前乎慶曆，後乎大觀，皆經講明，具珂後記。彌文寖容，交舉並修，要必不廢。特建炎南渡之後，有司失其職耳，非故事也。祖宗毖祀，存古之意，最爲嚴重，是說其有稽焉。

齊酒廢革

齊酒之用於祖宗朝者，無所名見，五季因陋，未皇禮文，無可考者。珂按國朝會要：慶曆元年十月十五日，同判太常寺吕公綽言：「郊廟所陳樽罍之數皆準古，而不實以五齊、三酒，及用明水、明酒，有司相承，名爲『看器』。其郊廟，天地配位，惟用祠祭酒一等分〔一〕，大祠、中祠位二升，小祠位一升。止一樽酌獻，一樽飲福，餘皆空器〔二〕。按開元禮、崇祀録：昊天上帝、皇地祇六樽，太樽爲上，實以泛齊〔三〕；著樽次之，實以醴齊；犧樽次之，實以盎齊；象尊次之〔四〕，實以醍齊；壺樽次之，實以沈齊；山罍爲下，實以三酒。配帝著樽爲上〔五〕，實以沈齊；犧樽次之，實以醴齊；象樽次之，實以盎齊；山罍爲下，實以清酒。皆加明水、明酒，實於上樽。五方、北極、天皇大帝、神州地祇、大明、夜明，太樽，實以泛齊〔六〕。五星、十二辰、河漢，象樽，實以醍齊。中官，壺樽；五方山林、川澤，脣樽；並實以泛齊。外官，概樽；五方丘陵、墳衍、原隰，散樽，並實以清酒。衆星，散樽，實以旨酒。皆加明酒，各實於上樽。宗廟，每室設斝彝、黄彝，著樽，斝彝、著尊之上，樽皆實以明水〔七〕，黄彝實鬱鬯，著樽實以醴齊。又司烜氏『以鑑取明水於月』，鄭康成云：『鑑類取水者，世謂之方諸。取月之水，欲得陰陽之潔氣也。』臣謹以古制考，五齊、三酒即非難得之物，將來郊廟祭饗，宜詔酒官依法制齊、酒，分實樽罍。仍命有司取明水對明酒，實於上樽。或陰鑑、方諸之類未能猝辦，請如唐制，以井水代之。」

下博士議而奏曰：「比郊廟祠祀，壇殿上下所設樽罍，惟酌獻、飲福二樽實以祠祭酒，餘皆徒設器，而不實以五齊、三酒、明水、明酒，誠於禮爲闕。然五齊、三酒，鄭康成注周禮，惟引漢時酒名擬之，而無制造之法。今欲仍舊用祠祭酒一等，其壇殿上下樽罍，有司不得更設空器。其明水、明酒，並以井水代之。其正、配逐位酌獻、飲福，舊用酒二升者，各增二升。從祀神位，並用舊升數實諸樽罍，配以明水、明酒。」從之。既從其請，則自慶曆以來，雖欲用之而不能詳其法矣〔八〕，此元豐吕嘉問之請，所以有爲而發也。

還考元豐元年七月二日，詳定郊廟奉祀禮文所言：「古之祭祀，以五齊薦諸神，以三酒酌諸臣，其用不同。今尊雖具，均以法酒實之，而無清濁厚薄之異，是名物徒存，而亡其實也〔九〕。再詳五齊，鄭氏以爲醴恬與酒味異，其餘四齊味皆似酒，祭祀必用五齊者，至恭不尚味而貴多品也。若三酒，則人所飲也。事酒爲有事而新作者，即今卒造之酒；昔酒久醖乃熟〔一〇〕，故名以昔。二者色皆白，清酒久於昔酒，故色清而味厚，欲令法酒庫、内酒坊以見造到逐色酒實之。」從之。則三酒當時尚未備，五齊固可從而知。不知公綽之奏已後〔一一〕，復曾講明否。禮文所之言，乃在嘉問奏論五年之先，則遐想中間酒齊醞法之不講，亦云久矣。

嘉問既奏，神宗親批其後，有「於理無害」之語。而大觀四年四月二十八日，議禮局又言：「古者祭祀，設五齊三酒，酒正之法式不傳於後，而先儒特以當時名物所有而言之。國朝祀儀雖有齊酒之名，而一以法酒代之。康定、元豐皆嘗討論，以爲非是。欲望明詔有司，依放古法，造五齊三酒，祭祀則供之。自太尊以下至於壺尊，自泛齊以下至於清酒，各以其序實之，庶合古法。」從之。則元豐之後，又曾經廢革。詳考御批，既謂「似有理趣」，又謂「就且如其説」，豈猶有疑而迄於未用耶？然大觀之從，必當見於用。周禮注疏可覆，非世□□造，亦豈可盡謂合於古也？

珂前記空尊似出有司之吝〔一二〕，考之宣和三年七月二十二日尚書省言〔一三〕：「潭州奏：

春秋上丁釋奠并祭社稷、風伯、雨師等〔一四〕，合用尊齊酒醴。政和中儀曹曹洪考三禮圖尊受五斗之制〔一五〕，遂每尊用其數，以一歲計之〔一六〕，至用酒六百六十八石，委是虛費。今在京釋奠〔一七〕，正、配位每尊設酒二升，從祀每位五合〔一八〕，乞下諸路州軍依此。」從之。則在承平時尊已不盈矣〔一九〕。慶曆公綽之言「有司相承，名爲看器」〔二〇〕，則雖盡空其尊，固無怪云〔二一〕。宣和之有司猶有取於節，今祠祭迺不然，尊固皆有清酒可實〔二二〕，特先期緘瓶缶以均奉祀者，臺早無遺焉〔二三〕，是上不以費靳，而下迺以私取，不可之大者也〔二四〕。

牲牢均胙

□□□□□□□祠祭牲牢所用雖多，然惟取所薦□□□□□□腥熟□而胙，其餘先□之庖，獲□□□□□宗廟□。然珂□漢舊儀：「大祫祭每牢中分之〔二五〕，左辨上帝尸，右辨上后尸，俱俎，餘肉委積於前數千斤〔二六〕，名曰『堆俎』。」嘉祐七年八月十日〔二七〕，太常禮院奉詔詳定同判太常寺呂公著牲牢之議〔二八〕，固嘗略引以爲言矣。□□□□從牲牢之請，竟未聞其陳俎。如漢□□□禮雖不三代，而先祭均胙，要非禮云。

副本緣起

□□程大昌考古編曰：「祖宗時臺諫論列宰執，未得命，章疏不出，無納副本例。趙抃論陳執中至數十章，執中不見也。元祐間，孫覺、劉摯、蘇轍、王巖叟累章論蔡確、韓縝。確既出，別次待罪，而縝安位如故，覺乞以前後章疏示之。至六年九月，中丞鄭雍、正言虞策皆論右僕射劉摯。摯已待罪〔二九〕，暨宣押，對復自辨之，奏曰：『面承聖諭，乃知臺諫言王鞏事外，又言臣牢籠章惇、邢恕〔三〇〕。』此即因宣押乃知所言之事，元無副本也。元符三年，正言陳瓘論左丞蔡卞，言：『願以臣章示卞，使卞自爲去就。』後下其章，徽宗諭輔臣曰：『臺諫攻卞已十餘章，當令卞知，自爲去就。』衆方白〔三一〕：『遣吳伯舉諭之。』遂降瓘及龔夬章付三省。是皆無納副本事，不知示副起自何時。」

又王明清揮麈後録曰：「曾文肅布元符末以定策功爰立作相，一意信任，建言改元建中靖國，乃收召元祐諸賢而用之。首逐二蔡，而元長先已交結中禁，膠固久矣，雖云去國，而眷柬方濃，自是屢欲召用，而文肅輒尼之。一日，徽宗忽顧首相韓文定云：『北方帥藩有闕人處否？』文定對以大名府未除人。少刻，批出蔡京除端明殿學士、知大名府，仍過闕朝見。文肅在朝堂，一覽愕然，忽字呼文定云：『師朴可謂鬼劈口矣。』翌日白上，以爲不可。上乾笑曰：『朕嘗夢見蔡京作宰相，卿安能遏耶？』數日後，臺諫王能甫、吴材交章攻文肅，上爲罷二人，文肅自恃以安。然元長來意甚鋭〔三二〕，如蔡澤之欲代范雎也。甫次國門，除尚書右丞。踰月之後，文肅擬陳祐甫守南都，元長以謂祐甫文肅姻家，訐之于上前，因遂忿争。次日，入都堂，方下馬，則一頂帽之卒喏於庭云：『錢殿院有狀申。』啓視之，乃殿中侍御史錢遹論文肅章疏副本。文肅即上馬，徑出城外觀音院，蓋承平時執政丐外待罪之地也。是晚鎖院，宣翰林學士郭知章草免文肅相制〔三三〕，知章啓上：『未審詞意褒貶如何？』上云：『當用美詞，以全體貌。』詰旦告廷，以觀文殿學士知潤州，尋即元長爲相，時崇寧元年六月也。陛辭之際，慰藉甚渥，云秋晚相見。抵潤未久，而詔獄興矣。臺諫納副本，始於此。」

珂按，曾□之□距蔡□□□國之時，凡二年三閱月，疑非其始。然□□既有□乞宣示，則副本之始必後□□□然無疑。及考典故，崇寧元年四月□□，忠彦至都堂〔三四〕，左司諫吴材、右正言王能甫以狀申忠彦云〔三五〕：「已具論奏，乞罷免。」忠彦得狀驚曰：「又似李邦直矣。」徑歸，具劄子避位。後二日，押入，起居奏事罷，復上馬還觀音院。五月庚申，忠彦遂以大觀文罷知大名府。則布之罷後忠彦兩閲月，材、能甫之所由，遂爲事始矣。然忠彦之得狀，有「似李邦直」之語，遡而考之，清臣之去，在建中靖國元年十月癸巳，時自門下侍郎罷爲大資政，亦知大名。

李文簡燾續通鑑長編曰：「先是，曾布獨對，上諭布人物有可詔對者但奏取來，便當批付閤門。布尋以劉燾、王防、周壽、白時中四人名聞，上悉批令對。四人者，皆布門下士。清臣密啓上，謂燾、防等爲『四察八偵』。既而對衆顯白：『四察八偵不可爲言事官。』上色變，衆莫曉其語。上以諭蔣之奇、章楶曰：『清臣蓋指王防、劉燾等也。』令諭布知，且曰：『清臣所爲，婦人女子之事。』尋召燾告之，仍令轉達上旨，時九月丙戌也。後二日，布留身謝，上諭以『察偵』之語，且言：『所謂察偵，皆臣所親接之人，君子小人各有黨類，此等人皆知順聖意、奉行法度者，非營私也。若晁補之、畢仲游之徒，皆與清臣輩背公死黨之人，必不與臣親厚，此理之必然也。』上曰：『清臣害政當去。』布曰：『補之等何能爲？清臣在政府，則爲害政矣。』上曰：『彭汝霖累有文字，但未出，卿可諭汝霖繳申清臣，則因其請出，便可令去。』布曰：『臣未嘗與言事官交通，昨者聖諭令彭汝霖召吴則禮諭聖意，臣迄今不曾令則禮至汝霖所。今既被旨，容臣更展轉道達次。』上知布之未奉詔也。翊日，趙挺之對，遂令諭汝霖。汝霖遂草疏，納清臣於待漏院，三省各申一照會，狀但言：『前後五有章疏，論清臣當罷政，未承施行，謂其必能自請，而安然自居。慮清臣之不知，已録申之矣。』清臣得汝霖申狀，皆不以告同列，布及同列亦莫知其由。奏事畢，清臣留身請去，遂出居僧舍。上以清臣劄子付通進司，遣一老卒持送。故事，當遣御藥封還，而清臣留身時〔三六〕，嘗白上曰〔三七〕：『臣本無去意，但爲言者所迫，如蒙遣使宣召，臣更不敢違聖旨。』以是上不敢遣使，恐其遂留。且諭之奇及楶，大笑之。及再入劄，批付三省而有是命。」則又先忠彦七閱月。詳味初意，徽祖正以體貌輔臣，務全去就，而爲是委曲，斯古所謂「進以禮而退以道」者。大昌博極群書，自元符至靖國，止一年八閱月，偶不下考此數時事耳。明清所録近出紹熙甲寅歲，大昌先進，固當不見其書，故亦莫之辨也。

百官轉對

今在京職事官轉對，始於唐。藝祖草昧，首嚴斯制。建隆三年二月甲午，御札曰：「應在朝文班朝臣及翰林學士等，朕自應運開基，推誠待物，顧干戈之漸偃，欲華夏之永安，渴聽讜言，庶臻治道。今後每遇内殿起居，依舊例次第差官轉對，並須指陳時政闕失，明舉朝廷急務。其或有刑獄冤濫，或是百姓疾苦，並可採訪聞奏。凡關利病，得以極言。朕當擇善而行，無以逆鱗爲懼。如有事干要切，即許非時上章，不必須候輪次，亦不得收拾閑慢之事，應副詔旨。仍須直書其事，不在廣有牽引。卿等或累朝舊德，或間代英材，當思陳力事君〔三八〕，豈得緘言食禄？ 竚裨闕政，用副旁求。」

珂按，唐興元元年九月之詔，惟正衙及延英坐日，常令朝官三兩人面奏時政得失而已，迄今猶然。未聞許之以指陳刑獄冤濫，採訪百姓疾苦也。指獄事則必有主名，言百姓則亦關長吏，是凡百司皆許之以獻出位之言，如臺諫之職矣。以一世之賢，僅得三五人以任言責，猶足以達下情、開公道，況夫人皆得借玉階方寸之地，天下事寧復有壅蔽者乎？大哉聖謨！真足以爲萬世無窮之法。

任子分授

舊制，任子許分貤，遍及支庶，纔稍降資秩而已，後乃不復然。珂嘗考續會要：「熙寧五年四月二十二日，辰州團練使致仕郭化言：『乞將合得一子恩澤分減與子熙、恭二人，近下班行内安排。』詔郭熙與右班殿直。舊例，與子恩澤許降資分授。上以一子官，朝廷之特恩，分授非古，且長僥倖，遂命罷之。」然則此制蓋襲用已久，革而當。人心雖各私其子，亦莫之敢議，今世鮮復有知此故事者。

校勘記

〔一〕惟用祠祭酒一等分　「祠祭酒」，宋會要輯稿禮一四之二九作「祠祭果酒」。

〔二〕餘皆空器　「空」字底本、再造善本、明刊本均闕，據知不足齋本、學海本補。又宋會要輯稿禮一四之二九、玉海卷八九器用引吕公綽之言均作「虚」字。

〔三〕太樽爲上實以泛齊　「泛齊」原作「沈齊」，據大唐開元禮卷四吉禮皇帝冬至祀圜丘、文獻通考卷七一郊社考四引愧郯録改。

〔四〕實以盎齊象尊次之　此八字原脱，據大唐開元禮卷四吉禮皇帝冬至祀圜丘、文獻通考卷七一郊社考四引愧郯録補。

〔五〕配帝著樽爲上　「著」字原作「蓋」，據大唐開元禮卷一二吉禮皇帝立春祀青帝於東郊、文獻通考卷七一郊社考四引愧郯録改。

〔六〕實以泛齊　「泛齊」原作「沈齊」，據宋會要輯稿禮一四之二九、文獻通考卷七一郊社考四引愧郯録改。下一處「泛齊」同。

〔七〕斝彝著尊之上樽皆實以明水　「斝彝著尊」四字原脱，據宋會要輯稿禮一四之二九補。

〔八〕雖欲用之而不能詳其法矣　「詳」字原闕，據文獻通考卷七一郊社考四引愧郯録補。

〔九〕而亡其實也　「而」字底本、再造善本、明刊本、知不足齋本均闕，據學海本、文獻通考卷七一郊社考四引愧郯録補。

〔一〇〕昔酒久醞乃熟　「醞乃」二字底本、再造善本、明刊本均闕，據文獻通考卷七一郊社考四引愧郯録補。又，知不足齋本闕上字而下字作「方」，學海本作「窨方」。

〔一一〕不知公綽之奏已後　「公綽」原作「公弼」，據文獻通考卷七一郊社考四引愧郯録改。

〔一二〕珂前記空尊似出有司之吝　「似出」二字原闕，據文獻通考卷七一郊社考四引愧郯録補。

〔一三〕考之宣和三年七月二十二日尚書省言　「二日」之「二」字原闕，據文獻通考卷七一郊社考四引愧郯録補。

〔一四〕春秋上丁釋奠并祭社稷風伯雨師等　「社稷」二字原闕，據文獻通考卷七一郊社考四引愧郯録補。

〔一五〕政和中儀曹曹洪考三禮圖尊受五斗之制　「曹洪考三」四字原闕，據文獻通考卷七一郊社考四引愧郯録補。

〔一六〕遂每尊用其數以一歲計之　「數以一歲」四字原闕，據文獻通考卷七一郊社考四引愧郯録補。

〔一七〕委是虛費今在京釋奠　「虛費今」三字原闕，據文獻通考卷七一郊社考四引愧郯録補。

〔一八〕從祀每位五合　「從祀每」三字原闕，據文獻通考卷七一郊社考四引愧郯録補。

〔一九〕則在承平時尊已不盈矣　「則在」二字原闕，據文獻通考卷七一郊社考四引愧郯録補。

〔二〇〕慶曆公綽之言有司相承名爲看器　「公綽」原作「公弼」，「言有司」三字原闕，據文獻通考卷七一郊社考四引愧郯録補改。

〔二一〕固無怪云　「怪云」二字原闕，據文獻通考卷七一郊社考四引愧郯録補。

〔二二〕今祠祭迺不然尊固皆有清酒可實　「不然尊」三字原闕，據文獻通考卷七一郊社考四引愧郯録補。

〔二三〕特先期緘瓶缶以均奉祀者臺早無遺焉　「缶」、「奉祀者臺」五字原闕，據文獻通考卷七一郊社考四引愧郯録補。

〔二四〕是上不以費靳而下迺以私取不可之大者也　「迺以私取」、「也」五字原闕，據文獻通考卷七一郊社考四引愧郯録補。

〔二五〕大祫祭每牢中分之　「每牢中分」四字原闕，據長編卷一九七嘉祐七年八月甲申條吕公著引漢舊儀、續漢書祭祀志下劉昭注引漢舊儀補。

〔二六〕左辨上帝尸右辨上后尸俱俎餘肉委積於前數千斤　「餘肉委積」四字原闕，「千」字原作「十」，據長編卷一九七嘉祐七年八月甲申條吕公著引漢舊儀補改。又「左辨上帝尸，右辨上后尸，俱俎，餘肉委積於前數千斤」，續漢書祭祀志下劉昭注引漢舊儀作「左辨上帝，右辨上后。俎餘委肉積於前數千斤」，長編卷一九七嘉祐七年八月甲申條吕公著引漢舊儀作「左辨上帝俎，右辨上后俎，餘肉委積於前數千斤」。

〔二七〕嘉祐七年八月十日　「八」字原闕，據長編卷一九七嘉祐七年八月甲申條補。

〔二八〕太常禮院奉詔詳定同判太常寺吕公著牲牢之議　「寺」字原闕，據長編卷一九七嘉祐七年八月甲申條補。

〔二九〕摯已待罪　「摯」字原脱，據考古編卷九臺諫納副本條補。

〔三〇〕又言臣牢籠章惇邢恕　「惇」字原作「敦」，避宋光宗趙惇諱，據長編卷四六七元祐六年十月壬午條改。

〔三一〕衆方白　「衆」字原脱，據考古編卷九臺諫納副本條補。

〔三二〕然元長來意甚鋭　「鋭」字原作「疏」，據揮麈後録卷六改。

〔三三〕宣翰林學士郭知章草免文肅相制　「郭」字原作「葛」，據揮麈後録卷六改。

〔三四〕忠彦至都堂　「忠彦至」三字原闕，據皇朝編年綱目備要卷二六崇寧元年五月補。

〔三五〕左司諫吴材右正言王能甫以狀申忠彦云　「以狀申」三字原闕，據皇朝編年綱目備要卷二六崇寧元年五月補。

〔三六〕而清臣留身時　「身」字底本、再造善本、明刊本均闕，據知不足齋本補。

〔三七〕嘗白上曰　「白」字底本、再造善本、明刊本均作「自」，據知不足齋本、學海本改。

〔三八〕當思陳力事君　「君」字底本、再造善本作「尹」，據明刊本、知不足齋本、宋會要輯稿職官六〇之一改。

愧郯録卷第六 十二則

寺監簿職守

南渡而後，官失其守，凡寺、監主簿率多預尾書，與丞雁行。珂爲扈簿日，因竊疑所職有常，非可越俎，盡削文移之繫銜者，如故事。獨本寺常程文書，猶間占位涉筆。先夫人一日見吏呈牘，謂珂曰：「簿不預政，此元豐令文也，當謹視官制。」珂唯謝。退而卻之，吏皆拱手不敢去，固卻乃從，殊費頰舌。

後閲洪文敏邁容齋四筆有曰：「自元豐官制行，九寺、五監各置主簿，專以鈎考簿書爲職，它不得預。紹聖初，韓粹彦爲光禄主簿，自言今輒預寺事，非先帝意也，請如元豐詔書。如玉牒修書，主簿不預，見於王定國雜録，予猶及見。紹興中，太府寺公狀文移，惟卿、丞繫銜，後來掌故之吏昧於典章，遂一切與丞等。今百司庶府，皆戾官制，非特此一事也。」

珂再考典故，元豐六年七月庚申，詔：「寺、監主簿止是專掌簿書，其公事自當丞以上通議施行〔一〕。今取問寺、監有令主簿簽書公事處。大理寺長、貳、正、主簿八員〔二〕，衛尉寺卿、主簿二員，將作監少監、丞、主簿五員，都水監使者、丞、主簿四員，少府監少監、丞、主簿三員，司農寺少卿、丞、主簿四員，太常寺丞、主簿二員，軍器監少監、丞、主簿四員，內長、貳、主簿可並降一官，正、丞並展磨勘二年，各不以去官原。」則初制信必之嚴蓋如此。會要亦具書禁令。顧今上下習故爲常，比比皆是，反於其職所謂簿書，迺無一可考，是亦重可興嘆也。若平日扂寺文移，簿固預書，而申省與部獨不列簿銜，蓋舊制僅存者，似頗與邁所見異，當時或見諸它官府云。

牙魚不可服用

近世中都闐鄽鬻冠飾者，率爲物象螭，一角而兩足，鳥翼而鴟尾，通國服之，謂之牙魚。珂按典故，元祐二年二月辛丑，翰林學士承旨鄧温伯等言：「奉詔參考皇太妃冠服，禮令不載，亦無故事，請參酌裁定。其生日、節序，即請損皇后五分之一〔三〕。」詔依所定，內冠朵用牙魚。當時詳定者韓儀公忠彥，歐陽棐與焉，二公墓誌可考。方泰陵嗣服，欽成以堯母之貴，春秋之誼，當極尊崇，徒以宣仁、欽聖萬壽，故小詘其禮，則其爲后服亦逼矣。今世恬不以爲怪，何耶？

真徽沔三州

大中祥符六年五月，詔升建安軍爲真州。宣和三年五月，改歙州爲徽州。開禧三年四月，改興州爲沔州。六月，改順政縣爲略陽縣。

珂按，三州皆複名。真州在唐號昭德郡，天寶五載分臨翼郡置，乾元元年改州名。徽州在唐號利州，武德四年置，貞觀十一年改州名〔四〕。沔州在唐號漢陽縣，武德四年分沔陽郡置州，建中二年廢爲縣，四年復州名，寶曆二年又廢。

夫真州隸劍南道，西南之陲也，今複其名於淮南；徽州隸羈縻州，蠻夷之境也，今用其名於江東；沔州隸江南道，沔水之衝也，今徙其名於關外。取儀真以稱，蓋以範鎔三祖、玉皇之像而表其瑞，反累之僻陋之故名；易徽美之號，蓋以翦滅方臘篁竹之妖而示其革，反同之椎辮之巢穴；摭谷水之源，蓋以蕩滌逆曦洿瀦之跡而大其戒，乃紊之下流之別邑。數百載而下，方屨之士，尚論職方名混而訛，地隨以異，焉知其無千里之謬乎？

順政本漢沮縣地，考之寰宇記，後魏太武帝嘗到此，僑立略陽郡耳，今遂即僑寓之名以名縣，尤爲失實。其初更定稱謂，要皆未嘗旁考也。

州名之所在，珂蓋即李吉甫元和郡國圖志、樂史太平寰宇記、劉昫舊唐史、歐陽文忠脩新唐史參書之。真州之置，惟元和圖志以爲直州，縣名真符，亦謂之直符。徽州在新唐史又以爲徽州，且號西利。沔州在寰宇記先紀隋大業初嘗建州，蓋以沔水爲名，尋改沔陽郡。武德平朱粲，分郡置州。天寶初爲郡，大和二年四月廢，以其地入鄂州，四年又置，後復廢入鄂。周顯德中置爲漢陽軍。舊唐史紀廢郡又以爲太和七年，皆差齵不齊，餘各互是。桑欽水經載：「沔水出武都沮縣東狼谷中。」又注曰：「沔水，一名沮水。闞駰曰：『以其初出沮洳然，故曰沮水也。』縣亦受名焉。導源南流，泉街水注之。出河池東南，流入沮縣，會于沔。」則又今改沔州名之所據。

珂考真州本以真符縣得名，今洋州自有真符，乃天寶八載開清水谷路復置。又因鑿山得玉册更名，隸京兆府。真之真符雖複，天下縣邑乃多有之。節度使章仇兼瓊之置，初爲直符營，在天寶三年。後以節度使郭虚己之奏置郡，在五年，乾元乃因營名而名州。自營而名縣，自縣而名州，雖其理近似，然所出處凡四，而三謂之真，惟元和圖志異焉，安知其不訛而爲直也？

洋名之複，蓋因事起義，且在此年後，不足以爲惑。徽字易訛，郡非中國者，名不常見，故或有舛。西利蓋猶利也，唐山南道已有利州，其名西利無疑。沔稱隋建固非，其地本漢陽縣，又與沔陽郡異，謂之析郡之縣以置州則可，謂之因郡以易名則非也。且徽州之名，自崇寧二年正月始詔廢爲蒔竹縣，至宣和而遽徙其名於它地，則尤不可。它如此比者尚不一，更有俟於詳考焉。

國名寓意

漢制，封侯國雖以鄉邑之名爲稱，間有寓熾惡於其間。如虁頡不義，折姦富民；冠軍之號，猶存褒貶。考之竇憲傳注，冠軍國仍是國名，它可知已。本朝司封之典，大國、次國、小國名有定數，著之令式〔五〕，不容創，固無復此意。

珂嘗考中興會要，張忠獻浚以紹興十二年十一月封和國公，三十二年六月改封于魏。史文惠浩言行録有曰：「秦檜既定和議，特國浚於和。及孝宗即位，欲任以恢復，乃改國魏。」然則聖意固示之矣。若和則檜志，而忠獻實嘗力争焉，乃以名其國，豈固欲反其所言耶？近歲大臣有請致仕而盍徹國者，詞臣偶進擬珍國。議者謂若有所風，其家上言，卒改成國，蓋亦寓意於名者云。

辛簡穆謚

辛參政次膺謚簡穆。珂按國朝典故，皇祐三年九月乙卯，武寧節度使兼侍中夏竦卒，贈太師、中書令，賜謚文獻。知制誥王洙當草制，封還其目，謂「臣下不當與僖祖同謚」，遂改焉。是月丙子，遂改太子太師、謚文獻王溥爲文康，司空致仕、謚文憲章得象爲文簡。蓋溥同僖祖，得象同周公，亦以洙言也。翼祖后之謚曰簡穆，在累朝無敢用之者。容臺訂議，考功覆按，得不考洙之所言乎？或謂翼祖乃祧廟。按洙之言，周公且不可，雖祧，猶祖也，其復何疑？次膺以元老參預，其賜謚當在乾道、淳熙間，是時光堯萬壽，翼祖雖祧，猶爲九室之内，尤不可以此藉口也。

修書恩數

崇觀以來，文治日興，三館、史局修書，每成闕乙覽，輒有醲賞。蔡京當國，至有修書已竟，分爲五六進，以希濫恩。而適值王黼矯枉，所爲之書皆棄不録者。中興謹惜名器，益以進書爲重。嘉定癸酉十月丁酉朔，臺臣有言：

修書不進，十餘年于此矣。嘗求其故，則自進書之有賞始。史官載筆，職在撰述，而無事時不敢修史。何者？恐其有徼賞之嫌也。必待登進有期，然後彙次編集，臨時取具，率多逸遺，史之不修，蓋原於此。每進一書，縻爵費財，上下霑被，學士、大夫自循轉外，好賜無幾，而輿臺胥吏賞賚有差，用度不貲，難於輕舉。書之不進，亦此之由。

今者鉅典勒成，一朝同進，官無濫賞，人自欣愜，而吏有横賜，可不痛裁？臣謂除本所見在執役奔走之人，及三省官吏於本處實有職事相關者，許照舊例從公保明，次第疇奬；其他寅緣請託，寄附姓名，平時不相誰何，足跡未嘗一到，如閩市肆等輩，亦得濫厠其間，例霑厚賜，甚亡謂也。下私其恩，國重其費，綜核之朝，詎宜有此？臣非不知希闊之遇，寧過乎厚。然以國史爲重，則人情有不暇恤，故寧裁抑於今日，庶幾有補於將來，使由是而費果省也。則史無時而不可修，亦無時而不可進，何至有因循遺失之患。其與徇小節而虧大體者，萬萬不侔矣。

珂嘗考典故，元豐六年蒲宗孟爲尚書左丞，嘗因奏書請官屬恩，神宗曰：「所修書謬甚，無恩。」宗孟又引例，書局、儀鸞司等當賜帛，上以小故未答。王安禮進曰：「修書謬，儀鸞司等人恐不預。」上爲之笑。則吏有横賜，在先朝固久有之，而予奪之柄，又出一時，雖修書官亦不容必其賞也。是知祖宗於例所當得，猶必視功而爲輕重責實之政，所以貽孫謀者，真可法云。

閩中謁傳兆域

閩之福爲會府，建炎搶攘，奉會聖御容以即安，至今有巨璫莅祟奉焉。福人因是多謁言皇祖兆域有在是郡者，士大夫率以爲無稽，弗之聽。珂考典故，其説亦有繇來。元豐六年閏六月丁酉，禮部言：「泉州民朱信等言，慶曆中有旨，泉、福等州訪求碎石山皇祖兆域，今方求得，本朝遠祖乃福州閩縣碎石山人。景德中，亦嘗遣使至福州，訪碎石山家宅事迹。碎石山，今俱胘院是也〔六〕。趙真君家見存，而此山下有趙氏捨田契書、姓名，兼有古鐘銘文可爲證據。乞遣官審實。」詔祕書省檢元降指揮，仍令福建路轉運司取朱信等所陳證據。其後，祕書省言，慶曆中無下福建路訪皇祖山陵指揮。福建路轉運司言，遣官案視，所言謬妄無根。詔朱信等罪，以赦除之。後又詣尚書省，言家有古書可案，取視之，乃唐中和七年地契，後列趙氏族人，有名從良從月者，指以爲聖祖，其妄若此。則愚民之傳久矣，不可解矣。承平保州位，雖系屬籍，而欽、康、靖三陵猶不敢臆決，遷奉之際，特尊爲一品墳，以俟審定，豈復真有景德之使耶？朱信既以赦除罪，神宗之意亦出於吾寧受百欺，庶幾得之，尊祖之至也。

開先寺

廬山之址有寺曰開先、華藏。寺依山陽，占籍江東之南康軍。珂按，京師太平興國寺實有開先殿，以奉藝祖神御。天聖八年九月，始建于寺之後廷。十二月，命宰臣吕夷簡充奉安御容禮儀使，入内都知韓守英管幹。十一日〔七〕，自天章閣迎奉於會慶殿奉安。十二日，百官立班殿庭，皇帝行酌獻，備儀仗鼓吹，僧道威儀，奉迎赴殿，皇帝行奉安之禮。次日，皇太后又酌獻。景祐三年殿火，遂罷朝謁。慶曆六年八月殿成，帝飛白書榜。九月，命宰臣賈昌朝奉安。十月，帝親行酌獻禮。七年正月十一日，朝謁如常。至和元年十一月重修，權奉御容于天章閣，二年七月，復奉安于殿。則開先之名，已爲館御，累朝崇奉如此，其至寺久當易矣。今天下寺宇，同稱者多，固不止是，郡縣當以時申請而正之可也。

紹興嘉泰二詞

紹興和議之成，臺臣追正直祕閣李健陷僞之罰，謫監德安府在城酒税。制詞曰：「往者元惡，盗我魁柄，濁亂國經，爲不道之宗主，故汝得以免。賴天之靈，國是大定。汝曾不知愧甄濟，而從搢紳之後，罪豈勝誅！」慶元黨論之起，中書舍人陳傅良追削家居。嘉泰會赦，復官予祠。制詞曰：「日者宗相當國，凶愎自用。論者指爲大姦侶矣，盍亦考其所以然，蓋一妄庸人耳。何物小子，敢名元惡。而一時大夫士，逐臭附炎，幾有二王、劉、李之號，朕甚憫之。」二詞蓋皆順時好，前指趙忠簡鼎，後指趙忠定汝愚也。

珂按國朝故事，太宗時宰相盧大戎多遜以交結宮邸竄朱崖，繼而趙韓王普罷相。會其年韓村決，河塞，知海州胡旦獻河平頌，因有「逆遜投荒，姦普屏外」之語。上震怒，貶商州團練副使。祖宗之惡迎合者如此，況假綸綍以濟私意，而毀譽復失其真耶？三字之失體，蓋不在林希輩下矣。

北使借官

自景德以來，凡中國使入蕃，必隨所居官小大加借以遣之，所以重王命、綏遠人也。議者或謂：「單于天驕，其報聘也，官雖高，必降秩以示殺禮。」珂嘗考之，其實不然。按陵陽布衣李心傳建炎以來繫年要録曰：「紹興二十八年五月戊寅，金國賀生辰使驃騎衛上將軍、殿前副都點檢蕭恭，副使中大夫、尚書工部侍郎魏子平，入見紫宸殿。子平，弘州奉聖人，中進士第，累遷太府監。」又注其下曰：「魏子平事，以金國翰林直學士趙可所撰墓誌修入。誌云：『正隆元年授太府監，三年三月充國信副使使于宋，四年，權右司郎中。』今日曆所書乃云『工部侍郎』，則是北人亦借官也。」可有文集刊行，心傳得之，以參書繫年事。其言有的據，表之以釋議者之疑。

官年實年

今世出仕者，年至二十，始許莅官；纔登七旬，即盍致仕。或不得謝，則亦隔去磨勘，弗許遷陟。又有舉人，年及該恩，則或得封，敘選調，滿六帙，礙格則不得注令、宰、丞、掾之屬。利害互出，故世俗多便文自營。年事稍尊者，率損之，以遠垂車；襁褓奏官者，又增之，以覬速仕。士夫相承，遂有官年、實年之別。間有位通顯者，或陳情於奏牘間，亦不以爲非。

珂考之祖宗時，此事亦有明禁。國朝會要治平四年五月二十八日詔〔八〕：「勑內殿崇班郭繼勳增加歲數情罪以聞。以其陳乞楚州監當，自言出職日實嘗增十歲也。」祖宗之懲欺僞亦嚴矣。繼勳雖終以不欺，意其出職之名或階胥史而進楚州之監當，必緣其年之高而不得授，所以復自言而丐損焉。此則增損惟己，尤不可以不懲者。若今陳情，率是告老引年而後及之，大非求進之比，固不可以爲據。要之，官年、實年差別爲二，形之表章，其語亦不雅馴也。

仙釋異教之禁

今中都仙釋之教盛行，或列肆通衢爲箕筆之妖，或毁體四支爲詭異之狀。浩穰彈壓，漫不問焉，曰：「此非法令所及也。」珂按國朝會要，政和六年正月二十三日詔：「近來京師姦猾狂妄之輩，輒以箕筆聚衆立堂，號曰天尊、大仙之名，書字無取，語言不經，竊慮浸成邪慝。可令八廂使臣逐地分告示，毁撤焚棄。限三日外，立賞錢三千貫收捉，犯人斷徒二年，刺配千里，官員勒停，千里編管。若因别事彰露，本地分使臣與犯人同罪。每月一次檢舉告示〔九〕，取使臣知委，繳連聞奏。京城内外準此。」政和五年十一月四日，臣僚言：「諸色人燃頂、煉臂、刺血、斷指，已降指揮，並行禁止。日來未見止絶，乞行立法。」詔：「毁傷支體，有害風教。況夷人之法，中華豈可效之？累降處分，終未能革，可遍行下，違者以大不恭論。添賞錢三千貫文。監司、守臣知而不舉，與同罪，京師委開封府尹嚴行禁止。」前詔則是年閏正月二十七日又嘗遍告諸道，後詔則大觀四年二月一日已有□之矣〔一〇〕，兹特申之也。祖宗立法嚴正詳備，一至於此〔一一〕。於其所不及者，彌縫參酌〔一二〕，蓋以時而行之〔一三〕。今世或未之議，何也？

校勘記

〔一〕其公事自當丞以上通議施行　「上」字原作「下」，據長編卷三三五元豐六年六月癸亥條、卷三三七元豐六年七月庚申條、宋會要輯稿職官六六之二四改。

〔二〕大理寺長貳正主簿八員　「大理寺」三字下原衍「丞」字，據長編卷三三七元豐六年七月庚申條删。

〔三〕即請損皇后五分之一　「五」字原作「三」，據長編卷三九五元祐二年二月辛丑條、宋會要輯稿后妃一之一四、輿服四之四改。

〔四〕貞觀十一年改州名　「貞」字原作「正」，避宋仁宗趙禎諱，今回改。

〔五〕著之令式　「著」字原作「者」，據知不足齋本、學海本改。

〔六〕碎石山今俱眩院是也　「俱眩院」三字長編卷三三六元豐六年閏六月丁酉條作「旃檀院」。

〔七〕十一日　「日」字原作「月」，據宋會要輯稿禮一三之二改。

〔八〕國朝會要治平四年五月二十八日詔　「五月」二字宋會要輯稿職官七七之四一作「六月」。

〔九〕每月一次檢舉告示　「一次」二字宋會要輯稿刑法二之六五作「二次」。

〔一〇〕後詔則大觀四年二月一日已有□之矣　「有」字之下原闕二字，據再造善本、學海本補「之」字，另一字不詳。

〔一一〕一至於此　「至」字原闕，據再造善本、學海本補。

〔一二〕彌縫参酌 「参」字原闕，據再造善本、學海本補。

〔一三〕蓋以時而行之 「以時而行」四字底本闕，知不足齋本闕「而行」二字，再造善本「行」字漫漶，據學海本補。

愧郯録卷第七　二則

官品名意之訛

淳熙官品令自太師而下至翰林醫學，列爲九品，皆有正從，蓋見行之制，故著令。所載凡敘蔭、儀制、罪贖，不以高下，概謂之品官。

珂嘗泝源而求所始，本魏延康元年二月，尚書陳群以天朝選用，不盡人才，始立九品官人之法，州郡皆置中正，以定其選，擇以州郡之賢有識鑒者爲之，區别人物，第其高下。則其初立品，似非品秩也，乃人品耳。而通典載魏官自黄鉞大將軍至諸州郡防門，明列品第，則是肇端自魏已循而訛矣。是時魏未受禪，蓋亦漢法也。然珂嘗考之後趙而得名之所以訛，考之梁而得意之所以訛。

後趙王勒二年，使張賓領選。初定五品，後更定九品，命公卿及州郡歲舉秀才、至孝、廉清、賢良、直言、武勇之士各一人。初用五品，而後以九，則是更魏而晉，品數猶未定也，通典可疑矣。宋書九品謂晉江右所定，則懷、愍以前尚無之。通典乃若是，其較且明，豈當時循陳群之法，謂某品人則可登某品，所謂品者，逆設以待其人而已，非謂官品也。益遠益訛，遂爲官秩之定論耶？此殆名訛之所以始也。

梁定班法，與品互用而著其説曰十八班，皆有清濁。自十二班以上並詔授，表、啓不稱姓；從十一班至九班，禮數復爲一等；又流外有七班，寒微者爲之，從此班者方得進登第一班。梁承齊後者也，品秩久定矣，而蔡法度之所定，决非肇始。而所以寓禮數者，不附於品，而別之以班，則班蓋梁之所自立，謂一代之制不可以虚耳。意自齊而上，班之未有，則禮數亦附於品，則品蓋爲禮文之節耳。此殆意之所以訛也。

詳考梁班品法，天監初，武帝命尚書删定郎濟陽蔡法度定令爲九品。秩定，帝於品下注一品秩爲萬石〔一〕，第二、第三爲中二千石，第四、第五爲二千石。隋百官志：「梁天監七年革選，徐勉爲吏部尚書，定爲十八班，以班多者爲貴，同班者則以居下者爲劣。」則品蓋非梁所專用，而易以爲班矣。謂班以選事而設，則丞相、太宰、太傅、太保、大司馬、大將軍、太尉、司徒、司空爲第十八班，初不關選法。通典謂品制不廢，疑若相須而成。將軍釐定百二十五號，爲二十四班；其不登二品應須軍號者，凡十四號，別爲八班；施於外國者，又有百九號，亦爲十品二十四班。班制之多乃如此，則不假於品矣，而莫知其徒爲禮秩之別也。陳承梁後，乃定相國、丞相、太宰、太傅、太保、大司馬、大將軍、太尉、司徒、司空、開府儀同三司、巴陵汝陰二王後、尚書令品爲第一，自此以下旿列爲九，正合今制，而不分正從。逆而求之，晉、宋、南齊亦莫不然，則皆承魏訛，其益可信也。北裂於齊〔二〕，事遵元魏，而品從之名著焉。是官之有品自曹魏始，品之有從乃自元魏始。及考其初，不特正從也，而每品正從復分上中下焉，蓋一品之間析而六矣，此高祖太和之制也。及二十三年，高祖復次職令，而世宗初班行之，三師、二大乃不入品，其四品以下正從又分爲上下階，猶析而四也，北齊蓋因之耳。至於魏之列品，顧猶曰第幾品、從幾品，而未目爲正從。齊始別之，逮隋而曰正曰從，截然而不可紊矣。還考梁制，品尚寡，故自九而一乃極於丞相；班尚繁，故自一而十八，亦極於丞相。班多者品貴，品少者班尊，二者相爲用，而貴賤等差，於此參見而互明。班止於梁，隨即廢矣。

祖宗朝遷轉名曹，皆各有流品。元豐後來，始以寄禄無他名，遂爾相混。然禮數之異，率繫一時官守，元未嘗以品秩爲別，此則言官制者之未嘗講明也。然則陳群之始本非始言人品者，固當設逆待之法〔三〕，故循而見於魏官品之訛。曹魏之訛亦非訛定禮秩者，固當附設官之目，故參而見於梁班法之用。不考於群無以知其名，不考於梁無以知其意。在今日，名訛於魏，意訛於梁，而品不復爲輕重，盍亦反其本哉？唐開元二十五年定制，自正四品至九品猶有上下階，蓋隋煬暫廢之規，至此復見，本朝乃盡合之也。

散階勳官寄禄官功臣檢校試銜

本朝國史職官志七載敘階之法曰：「開府儀同三司至將仕郎爲文散官，驃騎大將軍至陪戎副尉爲武散官，并二十九等如舊。」而注其下曰：「太平興國元年，改正議大夫爲正奉大夫，朝議郎爲朝奉郎〔四〕，承議郎爲承直郎，奉議郎爲奉直郎，宣議郎爲宣奉郎。」

又載勳官，曰：「自上柱國至武騎尉，凡十二等，如舊制。」

又載功臣，曰：「功臣者，唐開元中號『萬騎』，曰『唐元功臣』，代宗時有『寶應功臣』，德宗時有『奉天定難元從功臣』之號，僖、昭時將相多加功臣美名。五代寖增其制，皇朝因之，凡宣制而授者多賜焉。參知政事、樞密副使及刺史以上階勳高者，亦或賜之。中書、樞密則有推誠、協謀、同德、佐理之名；親王則崇仁、保運；餘官則推誠、保德、奉義、翊戴〔五〕；掌兵則忠果、雄勇、宣力；外臣則純誠、順化。宰相初加即六字，餘並四字；其罷則加二字。又有守正、忠亮、保順、宣德、忠正、佐運、保節、宣忠、亮節之號，文武迭用焉。中書、樞密院所賜名，若罷免或出鎮則改之。其他若班直將士、禁軍別校，則賜拱衛、翊衛、衛聖之號〔六〕；遇恩加，但其名不過兩字。」而注其下曰：「又有保順、忠勇、拱衛、護聖、奉慶、果毅、肅衛之號。」

又載檢校官，曰：「檢校、兼、試之制，檢校官則三師、三公、左右僕射、六尚書、左右散騎常侍〔七〕、太子賓客、國子祭酒、大卿監、少監、諸行郎中員外郎；兼官則御史大夫、中丞、侍御史、殿中侍御史、監察御史；試秩則大理司直、評事、秘書監校書郎。凡武官、内職、軍職及刺史以上，皆有檢校官、兼官。内殿崇班初授則檢校祭酒兼御史大夫；三班及吏職、蕃官、諸軍副都頭加恩，初授檢校太子賓客兼監察御史，自此累加焉。」而注其下曰：「廂都指揮使止於司徒〔八〕，軍都指揮使、忠佐馬步都軍頭止於司空〔九〕，軍班都虞候、忠佐副軍都頭以上止於左右僕射，諸軍指揮使止於吏部尚書。其官止，若遇恩，則或加階、爵、功臣。」又申之曰：「幕職初授則試校書郎，再任如至兩使推官，則試大理評事。掌書記、支使、防禦團練判官以上〔一〇〕，試大理司直、評事，又加則兼監察御史，亦有至檢校員外郎已上者。行軍副使皆檢校員外郎以上〔一一〕。朝官階、勳高，遇恩亦有加檢校官，郎中則卿、監、少監，員外則郎中，太常博士以下則員外郎，並無兼官。其解褐試大理評事、校書郎、正字、寺監主簿、助教者〔一二〕，謂之試銜。有選集，同出身例。」

珂按，如舊制者，蓋謂如唐制也。太平之改官名，蓋以熙陵初即位，未改舊名，因避諱而然也。是時正以職事官爲官名，如吏部尚書至于職官、令、録，皆虚名也，不得實莅其事，以知、判官爲職事，如判尚書都省。至於權知某州縣，皆實職也，而不關所帶之官。以階爲恩，以勳爲品，以爵、邑、功臣爲假寵，以檢校、試官爲帶銜。故咸平四年，左司諫、知制誥楊億轉對，上疏有曰：「勳、散之設，名品實繁。朝散、銀青，猶關命服；護軍、柱國，全是虚名。欲乞自今常參官勳、散俱至五品者，許封贈；官、階、勳俱至三品者，許立戟。又，五等之爵，施之於今，雖有啓封之稱，曾無胙土之實。苴茅建社，固不可以遂行；翼子詒孫，亦足稽於舊典。欲乞内外官封至伯、子、男者，許蔭子；至公、侯者，蔭孫；國公者，許嫡子、嫡孫一人襲封。又，當今功臣之稱，始於德宗幸奉天，扈蹕將士並加『奉天定難功臣』之號，因一時之賞典，爲萬世之通規。近歲以來，將相大臣加至十餘字者，尤非經據，不可遵行。所宜削除，以明憲度。」可以見當時士大夫之厭於虚名者矣。

然祖宗承隋唐末流，襲爲定例，故不見其用而惟見其冗。若其創始之初，磨鈍之具不窮於一偏，要亦自有深意。何以言之？自元豐定官制，歸階官於寄禄，還職守於百司，盡削功臣，略餘檢校，試官俱罷，爵、邑僅存。繼自政和而來，又捐勳轉之令，則朝廷之上所以褒功賞能、貤恩馭幸者，惟階、職、官守而已。祖宗存此名也，雖以例轉，或以赦遷，而猶間繫服色之重輕，資序之深淺，封蔭之厚薄，初未盡捐之也。且階官至員外郎可以任子，庶官帶貼職則不限隔郊，郎曹、寺監、侍從、宰執截截乎有恩數品秩之異。然則所用者皆實賞也。檢校之略餘者，惟武階有六等，多不盡轉，間又徑自旄鉞陞尉府，亦幾於無。爵邑實封，雖不改舊，而惟遇郊霈，有司按格法定封。及宰執初除，循故事，謂之加恩耳，亦不以爲賞也。虚名既偏廢，而吏勞不可不酬；惟其不可不酬，故官賞不得不濫；惟其不得不濫，故貼職不甚貴重，銓選、奏補益袢。揆今攬昔，在本朝厭之，猶之可也，其在隋唐，其可以虚名厭之哉？

珂又按，階、散、勳官在前世合於一，至唐則析而爲二；階、勳、功臣、檢校在唐析於四，而本朝則合於一。其用與不用，實寓見於是。自宋、齊、梁、陳、後魏、北齊以來，諸九品官皆以將軍爲品秩，謂之加戎號，此正如國初軍制，皆以御史爲品秩，謂之加憲銜也。梁制，雖親王起家未加將軍，不開府、不置佐史官，可以見一時以此號爲重，然其實未嘗將屯，亦虚名耳。隋既受命，高祖採後周之制，置上柱國、柱國、上大將軍、大將軍、上開府儀同三司、開府儀同三司、上儀同三司、儀同三司、大都督、帥都督、都督，總十一等，以酬勤勞。又有特進、左右光禄大夫、金紫光禄大夫、銀青光禄大夫、朝議大夫、朝散大夫，並爲散官，以加文武官之德聲者，並不理事。又有翊軍等四十三號將軍，品凡十六等，爲散號將軍，以加泛授〔一三〕。居曹有職務者爲執事官，無職務者爲散官，戎上柱國已下爲散實官，軍爲散號官，諸省及左右衛、武候、領左右、監門府爲内官〔一四〕，自餘爲外官。散官之名，肇見於是。

還考漢制，光禄大夫、太中大夫、郎、議郎、中郎、侍郎、郎中皆無員，多至數十人；特進、奉朝、請亦皆無職守，優游禄秩。則官之有散，自漢已有之矣。然當時之仕於朝者，不任以事則置之散，正如今日宫觀設官之比，未有以職爲實、以散爲號如後世者也。故成都侯王商以特進領城門兵，置幕府，得舉吏，是正如今日兼官，不可以官稱爲比。梁制，左右光禄、金紫光禄、太中、中散等大夫並無員，以養老疾。溯而考之魏、晉、宋、齊、元魏，下而考之陳、北齊、後周、隋，亦莫不有之，參見於九品十八班之間。元魏初，又嘗置散官五等，其品第五至第九，百官有闕則取於其中以補之，蓋皆以儲才待須，而亦與諸職事官均其勞佚也。逮隋開皇六年，始置六品以下散官〔一五〕，八郎爲正階，八尉爲從階；正六品上爲朝議郎，下爲武騎尉；從六品上爲通議郎，下爲屯騎尉；正七品上爲朝請郎，下爲驍騎尉；從七品上爲朝散郎，下爲游騎尉；正八品上爲給事郎，下爲飛騎尉；從八品上爲承奉郎，下爲旅騎尉；正九品上爲儒林郎，下爲雲騎尉；從九品上爲文林郎，下爲羽騎尉。準前所置散官，見於諸品者：上柱國爲從一品，柱國、特進、左右光禄大夫爲正二品，上大將軍、金紫爲從二品，大將軍、銀青爲正三品，上開府、朝議爲從三品，開府、朝散爲正四品，上儀同爲從四品，儀同爲正五品，大都督爲正六品，帥都督爲從六品，都督爲正七品。通而觀之，則九品之内皆有散官以酬勞矣，惟正一品虚而不置，所以章其貴也。煬帝嗣位，多所改更。先罷特進，次罷十一等酬勞官、八郎、八尉、四十三號將軍，并省朝議大夫。置九大夫、八尉，自一品至九品别有其制。其九大夫：從一品曰光禄，正二品曰左光禄，從二品曰右光禄，正三品曰金紫，從三品曰銀青，正四品曰正議，從四品曰通議，正五品曰朝請，從五品曰朝散。其八尉：正六品曰建節，從六品曰奮武，正七品曰宣惠，從七品曰綏德，正八品曰懷仁，從八品曰守義，正九品曰奉誠〔一六〕，從九品曰立信。繼雖復儒林郎、文林郎，列之七品、八品正乃隷秘書省〔一七〕，置二十人若三十人，專以明經待問、撰録文史爲職，又若職事官，無與散階也。尋又置散騎郎二十人，爲從五品；承議、通直郎各三十人，正、從六品；宣德、宣義郎各四十人，爲正、從七品；徵事、將仕郎各五十人，爲正、從八品；常從、奉信郎各五十人，爲正、從九品。是爲正員並得禄，當品又各有散員郎無禄。隨又改常從爲登仕，奉信爲散從。自散騎而下皆主出使，量事大小，據品以發之，則正如國初九品京朝官皆在京師，其罷職者歸本班、守本官，其出使者知某州、轉運某路之制耳。尚書省六曹皆置承務郎一人，同員外郎之職，乃正與今尚書郎等，又非散號。如限員以設散官，使其别有所授，決知其必不復徒帶以爲美觀也。而唐乃析之，郎、大夫之秩，光禄、中散之養疾，儒林、文林之待問，一歸之於文散；散號將軍，參取雜置，益以校尉，一歸之於武散；柱國等號本以酬勞，武騎諸稱並同郎位，一歸之於勳官。則階散也，勳官也，唐雖因隋，而所用未嘗因隋，有職者改爲虚名，徒名者置在兼秩，是所謂前世合於一而唐則析爲二。

史大奈與高祖興太原飲馬泉之戰，功多授光禄大夫階〔一八〕。李晟以克復元勳〔一九〕，立功時諸子未官，宰相以聞，即日詔子愿爲上柱國。故事，柱國門列戟，遂父子皆賜。杜淹貞觀中檢校吏部尚書〔二〇〕，再加檢校侍中。代宗以射生軍清難，而有「寶應」之稱。德宗以涇軍煽逆，而有「定難」之號。後隨事而賜，亦無定名。故唐之有功者或敘階，或賜勳，或加以檢校，或寵以名號，皆上之人有以寓一時之微權，而初無階升必致之道。四者並用，而又申之以封爵，重之以實封，馭貴馭富，又雜取而輔之。在祖宗朝，若功臣之名，猶有官不當賜而特賜者，如開寶之於王明，太平興國之於杜彦鈞、陳信從、郝正，大中祥符之於王承美，天禧之於向漢通。南渡以後，高皇舉久廢之典，以寵一二三大將，其他則不多見也。每一遇郊，官至某則加功臣若干字，酬勳若干級，進階若干等，徹國若干户，並舉而予之。故世但以爲煩而不見其用，是所謂唐析於四而本朝合於一。既合矣而不能分，此所以發神宗皇帝之獨斷，一舉而盡去之也。政和罷勳官，徒以太平之世不欲用，議易之而未暇。孝宗淳熙間，廷策多士，發爲清問，有意復之而未能。誠使無並用之術，祖已成之例，一歸之有司，則雖無復可也。因虚以濟實，即名以輔治，一歸之君上，則雖盡復之亦可也。世之議者多以其名之混淆，未易別白，故表而著之，以俟觀者擇焉。

又按，光禄在晋已分左、右，魏舒嘗加右光禄大夫。而西漢之初無印綬，秩止比六百石。東漢已秩二千石，法固應銀章青綬。至晋始有加金紫者，李憙、嵇紹、吴隱之輩是也。憙傳又載泰始全詔，「其因光禄之號，改假金紫」，正當是事始，然未嘗入銜，故南齊任遐有「乞一片金」之請。還考宋初，乃嘗贈臧燾爲金紫光禄，已連稱謂。元魏何時乃亦有之，而又以銀青入銜，遂焕然析爲二官矣。梁制，金紫光禄次左右光禄，光禄次金紫，所謂「光禄」者蓋銀青如舊制，是以不重出耳。元魏亦敘左、右光禄於金紫、銀青之上。齊承魏制，陳因梁法，後周於金紫、銀青又各分左、右，皆在左、右光禄之下。隋唐而降，迄于本朝，敘階之法亦莫不然。唐去光禄「左」、「右」字，元豐定官制，乃躋二階之班于光禄之上，不知何所爲也。其他如朝議置大夫而廢郎，蠲朝請於通直，下宣德於朝散；政和改制，又以登仕、將仕爲未仕之官，列之文林之下，又以郎、大夫爲勇爵，不用將軍、校尉等官，皆與唐制不合云。

校勘記

〔一〕帝於品下注一品秩爲萬石　「爲」字原闕，據知不足齋本、學海本補。

〔二〕北裂於齊　「北」字原作「此」，據文獻通考卷六七職官考二十一引愧郯録改。

〔三〕固當設逆待之法　「固」字原作「則」，據再造善本改。

〔四〕改正議大夫爲正奉大夫朝議郎爲朝奉郎　案，宋史卷一七〇職官志十，「正奉大夫」下有「通議大夫爲朝奉」七字，據此則「正奉大夫」下當補「通議大夫爲朝奉大夫」九字。

〔五〕餘官則推誠保德奉義翊戴　「奉義」二字原脱，據宋會要輯稿禮五九之二二、職官分紀卷四九補。

〔六〕禁軍别校則賜拱衛翊衛衛聖之號　「拱衛、翊衛、衛聖」原作「拱衛、翊聖」，案，宋功臣號無「翊聖」，據職官分紀卷四九改。

〔七〕檢校官則三師三公左右僕射六尚書左右散騎常侍　「常侍」下原衍「侍」字，據宋史卷一七〇職官志十引三朝志删。

〔八〕廂都指揮使止於司徒　「廂都指揮使」原作「朝軍指揮使」，據宋史卷一七〇職官志十引三朝志、文獻通考卷六四職官考十八改。

〔九〕軍都指揮使忠佐馬步都軍頭止於司空　「軍都指揮使」原作「軍頭指揮使」，據宋史卷一七〇職官志十所引三朝志、文獻通考卷六四職官考十八改。

〔一〇〕掌書記支使防禦團練判官以上　「掌」字原脱，據宋史卷一七〇職官志十引三朝志補。

〔一一〕行軍副使皆檢校員外郎以上　「副」字原脱，據宋史卷一七〇職官志十引三朝志補。

〔一二〕其解褐大理評事校書郎正字寺監主簿助教者　「褐」字原脱，據宋史卷一七〇職官志十引三朝志補。

〔一三〕以加泛授　「泛授」二字原作「檢校」，據隋書卷二八百官志下改。

〔一四〕諸省及左右衛武候領左右監門府爲内官　「領」字原作「餘」，據隋書卷二八百官志下改。

〔一五〕始置六品以下散官　「官」字原脱，據文獻通考卷六四職官考引愧郯録補。

〔一六〕正九品曰奉誠　「奉誠」原作「奉議」，據隋書卷二八百官志下改。

〔一七〕繼雖復儒林郎文林郎列之七品八品正乃隸秘書省　案，「正」字不易解。隋書卷二八百官志下：「又置儒林郎十人，正七品，掌明經待問，唯詔所使；文林郎二十人，從八品，掌撰録文史、檢討舊事。」據此，疑「正」字下脱「從」字。

〔一八〕功多授光禄大夫階　「功」字原作「以」。據文獻通考卷六四職官考十八引愧郯録改。

〔一九〕李晟以克復元勳　「克復」底本作「復復」，知不足齋本、明刊本同，學海本作「恢復」，文獻通考卷六四職官考十八引愧郯録作「克復」，今從文獻通考改。

〔二〇〕杜淹貞觀中檢校吏部尚書　「貞」字原作「正」，避宋仁宗趙禎諱，今回改。

愧郯録卷第八　十則

年號閣名

自唐德宗以貞觀、開元之盛〔一〕，慨想前烈，改元貞元，庶幾二祖。本朝因之，如近世隆興之用建隆、紹興，淳熙之用淳化、熙寧，紹熙之用紹興、淳熙，慶元之用慶曆、元祐，開禧之用開寶、天禧，皆是也。

珂按，呂陶浄德集記聞曰：「元祐之政謂元豐之法不便，即復嘉祐之法以救之。然不可盡變，大率新舊二法並用，貴其便於民也。議者乃云：『對鈎行法。』朝士善謔，乃云：『豈獨法令爲然？至於年號，亦對鈎矣。』然詼謔之談亦有味。」

珂謂人君法祖存古之意，最爲盛德，陶言近肆，不可以訓。又按光宗升祔，循故事，將建閣以藏宸章。侍從集議，欲以大謨名，當國者以爲不馴，又欲名天疇，疑近天章，且天章不入銜矣，乃用寶謨。珂謂，寶文乃仁祖閣名，顯謨又神宗閣名，如陶之言，亦「對鈎」也。方顯謨建閣時，國論尚紹述，哲宗慕丕承之烈，以見善繼。若寶謨則直以禹之書首於三謨而言之，歷代寶之，以爲大訓，本專指墳典，此蓋惟取毖藏之義云。

陞建府鎮

景德三年，詔以宋州爲應天府，大中祥符七年〔二〕，又建南京，尊建國也。按宋爲藝祖擁旄之地，肇基王迹，遂奄九有〔三〕，昭揭崇建，以示華夏，理則有之〔四〕。然自後列聖潛藩，漸以爲故事。藝祖歷睦州刺史，太宗歷睦州防禦，英宗歷岳州團練、齊州防禦。宣和元年，升睦州爲建德軍，岳州爲岳陽軍，三年，改睦州爲嚴州、遂安軍。治平二年，升齊州爲興德軍，政和六年，又升濟南府。此刺史、團練、防禦州升鎮若府之始也。藝祖、神宗歷忠武節度，神宗歷安州觀察。元豐三年，升許州爲潁昌府。宣和元年，升安州爲德安府。此列鎮升府之始也。太宗歷封晉王，仁宗歷封慶國公、壽春郡王，英宗歷封鉅鹿郡公。政和六年，升晉州爲平陽府，壽州爲壽春府。七年，升慶州爲慶陽軍，宣和元年，又升慶陽府，且升邢州爲信德府。此郡國已帶節鎮升府之始也。

珂嘗恭考國史，或陞或否，類出於有司一時之請，迄今尚有不盡舉行者。先後重輕，疑有隆殺，殆不可以弭後世目睫之議也，謹備論之。藝祖歷睦州刺史、永州防禦、定國義成忠武歸德四節度；太宗王晉國，歷睦州防禦、泰寧一節度；真宗王韓、襄、壽，歷尹江陵、荆南淮南二節度；仁宗公慶國，王壽春郡、昇國，歷尹江寧、忠正建康二節度；英宗公鉅鹿郡，歷岳州團練、泰州齊州二防禦；神宗公光國，王淮陽郡、潁國，歷安州觀察、忠武一節度；哲宗公均國，王延安郡，歷天平、彰武二節度；徽宗公寧國，王遂寧郡、端國，歷鎮寧、平江、鎮江、昭德、彰信五節度；欽宗公韓國，王京兆郡、定國，歷山南東道、興德、武昌三節度；高宗公蜀國，王廣平郡、康國，歷牧桂州鄭州亳州平陽信德冀州、定武鎮海遂安慶源静江奉寧集慶建雄安國安武十節度；孝宗公建國，王普安郡、建國，歷和州貴州二防禦、保慶常德寧國鎮南四節度；光宗王恭國，榮州刺史、鎮洮一節度；今上公英國，王平陽郡、嘉國，歷明州觀察、安慶武寧二節度。

珂嘗合而詳考，蓋王之國十有二：晉、韓、襄、壽、昇、潁、端、定、康、建、恭、嘉。而十一備府、鎮之名：建雄之爲平陽，山南東道之爲襄陽，忠正之爲壽春，建康之爲建康，順昌之爲順昌，肇慶之爲肇慶，定武之爲中山，永慶之爲德慶，建寧之爲建寧，重慶之爲重慶，嘉慶之爲嘉定是也，獨韓不得與。王之郡八：壽春、淮陽、延安、遂寧、京兆、廣平、普安、平陽。而七備府、鎮之名：壽春、平陽之外，鎮安之爲淮寧，彰武之爲延安，武信之爲遂寧，永興之爲京兆，普安之爲隆慶是也，獨洺不得與。公之國八、郡一：慶、光、均、寧、韓、蜀、建、英、鉅鹿。而兼府、鎮者四：慶陽、建寧之外，崇慶之爲崇慶，安國之爲信德；列鎮而不爲府者三，光之爲光山，均之爲武當，寧之爲興寧；散府而不爲鎮者一，英之爲英德是也。節度、觀察之府三十有八：定國、義成、忠武、歸德、泰寧、荆南、淮南、忠正、建康、天平、彰武、鎮寧、平江、鎮江、昭德、彰信、山南東道、興德、武昌、定武、鎮海、遂安、慶源、静江、泰寧、集慶、建雄、安國、安武、保慶、常德、寧國、鎮南、鎮洮、安慶、武寧、安州、明州。而升爲府者二十有六：潁昌、應天、壽春、建康、延安、襄陽、濟南、中山、平陽、信德之外，泰寧之爲襲慶，荆南之爲江陵，天平之爲東平，鎮寧之爲開德，平江之爲平江，鎮江之爲鎮江，昭德之爲隆德，彰信之爲興仁，慶源之爲慶源，静江之爲静江，常德之爲常德，寧國之爲寧國，鎮南之爲隆興，安慶之爲安慶，安遠之爲德安，奉國之爲慶元；不升府者十有二，同、滑、揚、鄂、青、嚴、鄭、亳、冀、拱、熙、徐是也。防、團、刺史之州八：睦、永、岳、泰、齊、和、貴、榮。兼府、鎮者惟濟南，列鎮而不爲府者惟睦與岳，不升府、鎮者五，永、泰、和、貴、榮是也。尹牧例隨所領節鎮，不復複出。其間郡國之封，則晉、襄、壽、昇、定五國，已先啓鎮，特以昇府示褒；京兆、平陽二郡，已兼府、鎮，不復增益節度之號；則江陵、建康、慶源、平陽、信德五鎮，先已建府，又非以潛藩而升者。雖中興以後，職方未盡復，間有隔王化者，其如嚴、光、均、英、揚、鄂、永、岳、泰、和、貴、榮，則猶不得如故常。嚴蓋三聖流光之地，又爲特盛。惜乎有司之不建明也。泰雖爲英宗龍躍之祥，當時辭不拜，恐不得與云。

昇定建府

故事，潛邸賜軍額建府，蓋以昭受命之符。珂嘗考之，亦有爲元嗣之重而升者。天禧二年二月丁卯，仁宗封昇王，四月，升爲江寧府，賜額建康軍。大觀二年正月庚申，欽宗封定王，政和三年四月，升爲中山府。如天禧之詔有曰：「朕祇畏昊穹，保寧基緒。荷洪禧之總集，佑丕業之綿昌。利建懿藩，實維元嗣。表兹南紀，允謂名區。式示壯猷，特崇巨屏。」綸言如此，則錫羡之意，蓋有在矣。天禧二年八月甲辰，仁宗遂建儲。政和五年二月乙巳，欽宗亦正東宫。蓋聖意欲以爲豫建之端倪也。

鎮國封號

唐太宗爲尚書令，終唐世，無敢居其官者。藝祖以殿前都檢點受命，一再除之外，亦復虚員。蓋所以示尊尊之誼也。郡國之爲潛藩者，著令不許封，而丁侍中謂封晉，富文忠弼、宗室仲馨、廣平王樾封韓，廣漢王椿、王黼、白時中、秦檜、張俊封慶。今司封之贈典尚多用之，不復以爲怪。唐親王節度帶大使，本朝無之，列聖皆歷旄鉞，固不容盡避。至於檢校官、使相、環衛、觀察、防禦、團練、刺史，又皆見行官制，有未易易者，特鎮名郡號似不可同。自韓忠獻琦節度淮南，當時偶不之講，自是習爲固常。若祖宗朝節度使，例率赴鎮，猶有其地，不得辭其名，以後皆領遥郡，節制藩閫，固多有之，要少異歷試之稱斯可已。淳熙間王冀公淮封韓，洪文敏邁當制，制詞有「有此冀方，莫如韓樂」之語，删定官馮震武舉真、欽舊封，請貼麻，遂改胙於魯。而文敏著容齋隨筆猶以弼爲言，而謂震武不知故事之已有封者。珂竊謂尤而效之，理固不可，震武何訾焉。

詞科宗室二制

紹興壬戌，南宫試宏博科，制題出：「皇叔慶遠軍承宣使授昭化軍節度使，封安定郡王，同知大宗正事。」是歲，洪文安遵〔五〕、沈大戎介、洪文惠适中選。紹熙庚戌，制題又出：「皇叔太尉、定江軍節度使、提舉萬壽觀授武昌軍節度使、開府儀同三司，充醴泉觀使。」是歲，陳紫微晦中選。

珂嘗考典故，祖宗祖免親以上，備環衛、冠屬籍，謂之南班。中興百年，藝祖下惟秀邸，太宗下惟濮邸得與。蓋自厚、阜二陵以來，其屬尚親故也。神宗嘗念開創之烈，以藝祖燕、秦二王後，族系既疏，恩數久殺，於是詔推一人裂地王之，從祀郊廟。韓忠獻琦當軸，以爲疑天下心，不可，遂用近屬封郡王之制以應詔書，是爲安定。南渡後，率取諸燕王宫一族老，不問何官，即爲廉車，膺茅土。然則燕邸諸孫，豈復有未襲王爵而先爲承流稱皇叔者哉！又祖宗朝太尉爲三公官，班維師下而位保、傅上，親王不欲兼帝師，故檢校官多至太尉者。政和二年九月癸未，詔改官制，以尉府爲武選一品之名，居節鉞之首，序執政之次。班列既降，又以掌武之嫌，罕復以授宗英。炎、興以還，蓋絶無焉。故每自檢校官即拜視儀，寧以三少序進爲小迁，以代此一階，今制猶如此，則太尉爲宗室制題尤非也。武昌爲欽宗潛藩，近制醴泉多以授前宰臣，而宗盟率領萬壽，又皆有可疑者焉。

中司論事

李文簡燾續通鑑長編載：「紹聖三年正月己酉，御史中丞黄履言：『知麟州燕復以納粟得官〔六〕，年踰七十，耳目昏暗，郡務廢弛。乞下本路體究，果如所聞，即乞罷免。』詔河東經略司體量以聞。」

珂竊謂以中司論一郡守，年既不可掩，病復不能支，以貲得仕，既至於乘障，亦可謂僥踰矣。而反覆鄭重如此，有以見祖宗忠厚之風，至此猶未泯，慄慄焉惟懼風聞之失實。履雖非清議所與，而能推此心，其亦可嘉也歟。

給舍論駁

唐李藩在瑣闥，以筆塗詔，謂之「塗歸」。國朝嚴重此制，銀臺既設封駁，三字亦許繳奏。元豐改官名，門下省則有給事中，中書省則有中書舍人。然中興以後，三省合爲一，均爲後省，封還或同銜，則曰「未敢書讀、書行」。否則析之，其辭止此而已。

珂按典故，元祐四年五月乙酉，權給事中梁燾繳蒲宗孟知虢州及胡宗回、范鍔、孫升、杜天經等放罪罰金旨揮，其駁文皆曰：「所有録黄，謹具封還，伏乞聖慈特付中書省別賜取旨施行。」語意乃與今異。以時考之，蓋官制既行，分省治事，謹審覆揆議之訓，故其制如此耳。然元祐之初，司馬文正光已嘗乞合三省，則是道揆雖一，職守仍分。至如合二府於一堂，列兩省於同局，則固不必爲是區別，斯亦南渡簡易之制也。

帶節降麻

慶元己未夏，知慶元府鄭興裔告老，詔轉一官致仕。久之，始降麻，授武泰軍節度使。近例，上章掛冠，多已與遺奏同上聞，故因是得節者不復告廷，止從中書給告。興裔實引年歸故居，京魏公鏜當國，以爲當有以別於奏計者，遂宣鎖如故事，鄭氏以爲寵。

珂按祖宗故事，將相文武之臣以旄鉞得謝，例換環衛。班高若特恩，則文換東宮官，謂之納節，不降麻，如李繼勳、張耆、楊崇勳、李端愿之類是也。後來寖許帶節致仕，降麻以旌元老，如富弼、文彥博之類是也。紹興十六年春正月戊子，觀文殿學士葉夢得拜崇慶軍節度使致仕，夢得方無恙，而不復降麻，殊非舊典。興裔之得復舊制，寵矣，然今之非引年者，元不以爲追褒之典。其制詞中仍有「養壽臧，介祉福」之語，則是尚以爲存，乃頓有内外制之異，又不知其如何也。

納節舊典

帶節致仕而降麻制，近歲惟鄭興裔得之，已具前説。珂嘗再考中興會要〔七〕，則久矣不宣鎖矣，因取紹興三年正月二十五日翰林學士綦崇禮之奏而備録焉。崇禮之言曰：「近者楊惟忠、邢焕皆以節度使致仕，即不曾鎖院降麻。緣節度使除拜、移改、加恩之類，並須宣制，豈有見帶節鉞致仕而獨不然？此一時之闕典也。臣嘗記祖宗時，凡節將臣僚得謝，不以文武並納節，別除一官致仕。如仁宗朝張耆授太子太師、楊崇勳授太子少保，神宗朝李端愿授太子少保致仕，皆武臣也。惟熙寧間富弼以元勳舊相，始令特帶節鉞致仕，弼猶力辭不敢當者久之。其後相繼者則曾公亮、文彥博也，他人豈可援以爲例耶？近歲以來，致仕不問何人，不復納節換官，亦恐有違舊制。乞令三省、樞密院討論舊典施行。」從之。

既而，三月二十一日，樞密院奏：「檢討典故，慶曆三年五月，特令河陽三城節度使、同中書門下平章事楊崇勳爲左衛上將軍致仕。初，崇勳判成德軍，而部民行賂其子宗誨〔八〕，求免所犯罪。事覺〔九〕，故特令致仕。熙寧元年二月二十八日，以醴泉觀使、定國軍節度使李端愿爲太子少保致仕。端愿以目疾請休退，故事多除上將軍致仕，上命討閱唐制，優加是命。三年，上御集英殿策進士。午漏，上移御需雲便坐，延輔臣賜茶，曾公亮陟降殿陛〔一〇〕，足跌仆於地，上遽命左右掖起之。明日以病告。久之，進司空，以河陽三城節度使兼侍中、集禧觀使，五日一朝。會討夏人，起公亮知永興軍。召還，復爲集禧觀使，納節請老，以太傅兼侍中致仕。」詔今後節鉞致仕，令三省、樞密院遵依祖宗典故。自是之後，至九年四月十三日，吕忠穆頤浩復以少傅、鎮南之節得謝，蓋所以寵明受之勳。遂至十六年正月，而夢得建旄矣。納節既不舉行，故雖無功者亦得扳援爲比。迄於今，不復可追正也。崇勳明年十二月，實嘗改宫保，崇禮所奏互是，但公亮爲退傅，元不帶節鉞，此爲失之。

彭輅告詞

近歲，引年掛冠者不常有，或以疾丐致仕，則必轉官從欲。中書給綸告，王言優撫，皆如生存時，蓋猶望其有瘳也。暨遺奏徹宸扆，則又降旨贈官，乃始寓追賁泉穸之意。惟嘉定壬申七月，前主管殿前司公事、果州團練使、主管武夷山沖佑觀彭輅，授均州觀察使致仕。制詞有曰：「卧壺頭之疾，方自解於中權；掛神武之冠，忍遽聞於遺表。可無寵數，憫我藎臣。」又曰：「顧瞻壁壘，方覺精明。小逸宫祠，如何不淑。」又曰：「士志死綏，未得捐軀，塗肝腦之地；朕方推轂，乃成移疾，寘股肱之悲。英爽不亡，識予愴悼。」蓋似以致仕合於遺表，以轉官合於贈典。前雖無此比，然於今世致仕者用之，則是得其實也。

校勘記

〔一〕自唐德宗以貞觀開元之盛　「貞」字原作「正」，避宋仁宗趙禎諱，今回改。下一「貞元」之「貞」同。

〔二〕大中祥符七年　「七」字原作「元」，據長編卷八二大中祥符七年正月丙辰條、宋史卷八五地理志一改。

〔三〕遂奄九有　「有」字底本、明刊本、知不足齋本作「月」，據再造善本改。

〔四〕理則有之　「有」字再造善本、明刊本、知不足齋本作「宜」。

〔五〕洪文安遵　「遵」原作「邁」。案，洪邁謚文敏，洪遵謚文安。據宋史卷三七三洪皓附子适傳，紹興十二年壬戌洪适、洪遵中博學宏詞科，同卷洪邁傳載是年三人應試，獨邁被黜，紹興十五年方中第。據以改。

〔六〕知麟州燕復以納粟得官　「得」字底本、知不足齋本作「復」，再造善本、明刊本作「得」。案，下文有「以貲得仕」之語，知當作「得」，據以改。

〔七〕珂嘗再考中興會要　「會要」二字底本作「要會」，據再造善本、明刊本、知不足齋本改。

〔八〕而部民行賂其子宗誨　「宗誨」原作「崇誨」，據宋史卷二九〇楊崇勛傳、宋會要輯稿職官七七之六六改。

〔九〕事覺　「覺」字原脱，據宋會要輯稿職官七七之六六補。

〔一〇〕曾公亮陟降殿陛　「曾」字底本作「曹」，據再造善本、明刊本、知不足齋本改。

愧郯録卷第九　十則

禮殿坐像

蘇文忠軾集私試策問曰：「古者坐於席，故籩豆之長短、簠簋之高下，適與人均。今土木之像既已巍然於上，而列器皿於地，使鬼神不享，則不可知，若其享之，則是俯伏匍匐而就也。」

珂按，今世國學、郡縣學禮殿坐像，皆正席南向，顔孟而下列侍，所措設與前不殊，私切疑之。慶元己未，朱文公熹始作白鹿禮殿塑像説，其文曰：

古人之坐者，兩膝著地，因反其蹠而坐於其上，正如今之胡跪者。其爲肅拜，則又拱兩手而下之至地也；其爲頓首，則又以頭頓手上也；其爲稽首，則又卻其手而以頭著地。亦如今之禮拜者，皆因跪而益致其恭也。故儀禮曰「坐取爵」，曰「坐奠爵〔一〕」，禮記曰「坐而遷之」，曰「一坐再至」，曰「武坐致右軒左〔二〕」，老子曰「坐進此道」之類。凡言坐者，皆謂跪也。漢文帝與賈生語，不覺膝之前於席。管寧坐不箕股，榻當膝處皆穿，皆其明驗。然記又云「授立不跪，授坐不立」，莊子又云「跪坐而進之」，則跪與坐又似有小異處。疑跪有危義，故兩膝著地，伸腰及股而勢危者爲跪；兩膝著地，以尻著蹠而稍安者爲坐也。又詩云「不遑啓居」，而傳以「啓」爲跪，爾雅以「妥」爲安，而疏以爲安定之坐。夫以「啓」對「居」而訓「啓」爲跪，則居之爲坐可見。以「妥」爲安定之坐，則跪之爲危坐亦可知。蓋兩事相似，但一危一安，爲小不同耳。至於拜之爲禮，亦無所考，但杜子春説太祝九拜處，解奇拜皆當齊屈兩膝，如今之禮拜明矣。

凡此三事，書傳皆無明文，亦不知其自何時而變，而今人有不察也。頃年屬錢子言作白鹿禮殿，欲據開元禮不爲塑像，而臨祭設位。子言不以爲然，而必以塑像爲問。予既略考禮如前之云，又記少時聞之先人云：嘗至鄭州，謁列子祠，見其塑像席地而坐。則亦并以告之，以爲必不得已而塑像，則當放此，以免於蘇子「俯伏匍匐」之譏。子言又不謂然。會予亦辭浙東之節，遂不能强，然至今以爲恨也。其後乃聞成都府學有漢時禮殿，諸象皆席地而跪坐，文翁猶是當時琢石所爲，尤足據信。不知蘇公蜀人，何以不見而云爾也？及楊方子直入蜀帥幕府，因使訪焉，則果如所聞者。且爲寫放文翁石象爲土偶以來，而塑手不精，或者猶意其或爲加趺也。去年又屬蜀澧楊王休子美，今乃并得先聖、先師二象〔三〕，木刻精巧，視其坐後，兩蹠隱然見於帷裳之下，然後審其所以坐者，果爲跪而亡疑也。惜乎！白鹿塑象之時，不得此證以曉子言，使東南學者未得復見古人之象，以革千載之繆，爲之喟然太息！姑記本末，寫寄洞學諸生，使書而揭之廟門之左，以俟來者考焉。

又注其下曰：「老子云『雖有拱璧以先駟馬，不如坐進此道』，蓋坐即跪也，進猶獻也。言以重寶厚禮與人，不如跪而告之以此道也，今說者乃以爲坐禪之意，誤也。」然後古意遺像，粲然可考而知。

珂按，符子曰：「太公涓釣於隱溪，跽而隱崖，不餌而釣，仰咏俯吟，暮則釋竿。其膝所處，石皆若臼，其跗觸崖若路。」此尤足以驗前說。或謂國朝景靈宮設塑之制亦坐於倚，所不當輕議。珂竊以爲原廟用時王之禮，裀席器皿皆與今同，則其爲像反不當以泥古矣。珂在朝時，以攝奉常丞奉祠太廟，得立阼階，見室中之用，亦不以高几。蓋古今器服，各適其宜以便於事，是亦求神之義也。

作邑之制

今世選人改官，必實歷知縣三年，謂之親民。雖已爲令，既班見，猶不免作邑，或京秩再任後，須入邑闕一次。惟大理評事出宰，特許成資以二年罷，餘非被朝廷識擢，無不由此塗者。然爲邑有催科撫字之責，有版帳民訟之冗，間有賦入實窄，鑿空取辦，郡邑不相通融，鮮不受督趣。故士大夫每視爲難，徒以不得已而爲之。議者率謂自南渡後，經、總二使出括羨財，盡民力無遺，故邑計類窘，東士莫敢爲。

珂嘗考之祖宗承平時，見仕者已不願宰邑，其所由來久矣，非特今日也。元豐元年七月，呂公著言：

臣伏見審官院、流内銓以知縣、縣令闕多〔四〕，凡選人被舉充職官及轉京官者，例差知縣，已被差者不通舉辟，不許避免。臣竊以爲當國家有道之時，付之以百里之地，有民人社稷之重，則士子所宜願爲。今乃設一切之令，彊所不欲，與坐殿負犯者無異，此殆郡縣法網太密，而勸别之道不明。吏有盡心奉法、治行明白者，未聞有所褒異，一罹微文，則不能自免於譴斥。加以近歲朝廷以更改法度，郡縣之吏或不能奉行，故於常法之外，峻其黜典，經赦去官，多不原免。積累歲月，坐此殿累者益衆。臣愚以爲長民之官，朝廷所宜寬假，非有贓私顯狀及罷軟尤不勝任者，雖坐小法，無輒替易。仍詔諸路監司、牧守，其所屬令長有奉公愛民、治效尤異者，每歲列薦三二人，間或獎拔，待以不次。其次如職事修舉，有舉主、合轉京官者〔五〕，特與依諸州教授例，就任改官，許令再任。如此則勤廉者得以自保，勞能者有所激勸，中才足以强勉，異效不至滯留。上深以爲然，即詔中書立法，而法竟不就。觀公著之論，足究致弊之原，豈是時專坐新法之行，爲令者固難之耶？抑不關乎此也。今固習爲畏塗矣，得無愛君憂國如公著者出此言乎？可爲三嘆。

歲降度牒

道、釋給牒之制，必先以貲佐大農，而後得緇褐如其教，其佐邦用至矣。開禧邊釁之啓，帑用不繼，給牒頗多，不惟下得輕視，壅積弗售，而不耕之夫驟增數十萬，最爲今日深蠹。珂嘗讀趙挺之崇寧邊略曰：「上每諭蔡京，令近邊多蓄軍糧，又以累歲登稔，欲乘時加糴。京但肆爲詐欺，每奏某處已有若干萬數糴本，其實乃是度牒及東北鹽鈔等。度牒每歲當出一萬，而今自正月至四月終已出二萬六千，而邊人買者絶少。」珂按，崇寧開邊，費用無藝，而當時給僧牒尚歲有成數，特京不能守耳。今稍倣此意以節之，則亦庶乎其可也。

宣總公移

開禧丙寅，珂任京口總庾，被旨行兵間。時諸道建宣臺，王人既有應辦之責，多隨行軍所在。或以使華之任重，不肯詘而用平牒者，幕府輒以不遜怒之；或以宣威之體尊，不顧校而用申牘者，它司亦以毁例責之。迄不知故事如何，莫有成説。

珂按，總領財賦置於紹興，則祖宗未嘗命是官，固無可考按者。李心傳繫年要録載：「紹興十五年十有一月庚申，右中奉大夫、江南東路轉運判官趙不棄行太府少卿、充四川宣撫司總領官。始，趙開嘗總領四川財賦，於宣撫司用申狀。至是不棄言：『昨來張憲成應副韓世忠錢糧，申明與宣司别無統攝，止用公牒行移。乞依憲成已得指揮。』許之。於是改命不棄總領四川宣撫司錢糧。既而不棄將入境，用平牒，宣撫使鄭剛中見之，愕而怒，久之始悟其不隸己，繇此有隙。」此蓋中興以來近例可遵行者。憲成既嘗得命，尤爲有據，不棄因之，然亦卒不免於隙。宜乎開禧二司之紛紜也。

書記支使

銓曹見行之制，凡天下節鎮、觀察府書記、支使共職，均爲郡職官，所以設名者，徒以爲有無出身之辨耳。珂嘗考事之始，乾德元年七月詔曰：「管記之任，資序頗優，自前藩鎮薦人，多自初官除授，自今歷職兩任已上有文學者〔六〕，即許節度使、觀察、留後奏充。」則是元未嘗與支使爲相代之稱，而所謂有文學而後許辟，蓋已漸有別矣。太平興國六年十月詔：「諸道節度州依舊置觀察支使一員，資考俸料並同掌書記，自今吏部除擬，以經學及諸色入仕無出身人充，凡書記、支使，不得並置。」此蓋今制之所繇始，詔語昭然。

遡而考之會要：「太平興國五年閏三月十一日，京兆府户曹參軍顏明遠、徐州節度推官劉昌言、洛州雞澤縣主簿張觀〔七〕、德州將陵縣主簿樂史，並應進士舉殿試合格。帝惜科第不與，乃除明遠忠正軍，昌言歸德軍，觀忠武軍〔八〕，並爲節度掌書記。」則是前乎一年，其制猶未定也。後至淳化三年，則距六年之詔已十有一年，其制疑久定矣。而是年四月五日，滁州軍事判官鮑淵、鄧州録事參軍楊令問、滁州清流縣尉胡咸秩並鎖廳應舉，各賜及第，以淵爲忠武軍節度掌書記，令問爲本州觀察支使，咸秩爲楚州山陽縣令。則似二官尚不分左右，與初詔若不相符。味淵與令問科甲先後之序，豈非猶於賜第之時，有所輕重耶？蓋是時作福之柄，例皆一時出於君上，不如今侍左銓著爲成式，特有司奉行之，故容有此。然初詔之意，迄於今不可變也。

樞密稱呼

洪文敏邁容齋三筆曰：「樞密使之名起於唐，本以宦者爲之，蓋内諸司之貴者耳。五代始以士大夫居其職，遂與宰相等。自此接於本朝，又有副使、知院事、同知院事、簽書、同簽書之别。雖品秩有高下，然均稱爲『樞密』。明道中，王沂公自故相召爲檢校太師、樞密使，李文定公爲集賢相，以書迎之於國門，稱曰『樞密、太師相公』，予家藏此帖。紹興五年，高宗車駕幸平江，過秀州，執政從行者四人，在前者傳呼『宰相』，趙忠簡也；次呼『樞密』，張魏公也，時爲知院事；次呼『參政』，沈必先也；最後又呼『樞密』，則簽書權朝美云。予爲檢詳時，葉審言、黄繼道爲長貳，亦同一稱。而二三十年以來遂有知院、同知之目，初出於典謁、街卒之口，久而朝士亦然，名不雅古，莫此爲甚。」

珂按，此名自南渡前已有之。李文簡燾續通鑑長編載：「政和元年九月，臺劾起居舍人章綡，謂其偕起居郎王孝迪訪張商英，有『鹿死誰手』之語。詔下孝迪具析，孝迪奏：『臣契勘八月中，綡嘗謂臣：「欲同去見宰執，如何？」臣曰：「老兄請假往蘇州，不欲獨見執政，今日同往甚好。」遂同到知樞密院吴居厚客位，内管勾賓客人云：「知院不見客。」臨上馬時，拉臣同往見張商英，臣曰：「正炒閙著，甚來由？」綡曰：「去來去來，未知鹿死誰手？」臣見其言語狂悖乖繆，不勝憤懣。』」以此考之，其於出典謁、街卒之口舊矣，非二三十年間事也。

國忌日斷刑

今世國忌日百僚行香，在京則雙忌賜假，隻忌視事，坐曹如故，外郡皆如平日，笞決無禁。珂按，洪文敏邁容齋隨筆曰：「刑統載唐大和七年敕：『準令，國忌日唯禁飲酒舉樂，至於科罰人吏，都無明文。但緣其日不合釐務，官曹即不得決斷刑獄，其小小笞責，在禮律固無所妨。起今以後，縱有此類，臺府更不要舉奏。』舊唐書載此事，因御史臺奏均王傅王堪男國忌日於私第科決作人，故降此詔。蓋唐世國忌休務，正與私忌義等，故雖刑獄亦不決斷，謂之不合釐務者，此也。元微之詩云：『縛遣推囚名御史〔九〕，狼籍囚徒滿田地，明日不推緣國忌。』」則唐世禁笞繫甚明。本朝乾興元年七月壬辰始用知泗州楊居簡之請，詔國忌日聽決杖罪，蓋祖唐大和之遺意。不知何時遂併徒流不禁，今遂沿襲，不復可考矣。

官品不分别

本朝雜壓之制，雜流、伎術等官皆入品，下而寺監之吏，凡未出官而先給告者，亦通謂之入品，但以所居官爲品之高下，不復有分别。珂按，高峻小史劉昶傳：「元魏高祖臨光極堂大選。高祖曰：『當今之世，仰祖質朴，清濁同流，混齊一等，君子小人名品無别，此殊爲不可。我今八族以上，士人品第有九品，九品之外，小人之官復有七等。若有人，可起家三公。恐賢才難得，不可止爲一人渾我典制。』昶對曰：『陛下刊正九流，爲不朽之法，豈惟髣髴唐虞，固以有光二代〔二〇〕。』」此雖爲門第而言，然九品之官不混它品，亦一時之制，與今士夫、皂隸、閹豎、伎術混爲一區爲不同也。

虜年號〔二一〕

范參預成大攬轡録曰：「虜本無年號，自阿骨打始有天輔之稱，今四十八年矣。小本曆通具百二十歲，相屬某年生。而四十八歲以前，虜無號，乃撰造以足之。重熙四年，清寧、咸雍、太康、太安各十年，壽昌六年，乾統十年，大慶四年〔二二〕，收國二年，以接天輔。」珂按，此年號皆遼故名，女真世奉遼正朔，又滅遼而代之，以其紀年爲曆，固其所也，豈范未之見耶？

場屋編類之書

自國家取士場屋，世以決科之學爲先，故凡編類條目、撮載綱要之書，稍可以便檢閲者，今充棟汗牛矣。建陽書肆方日輯月刊，時異而歲不同，以冀速售，而四方轉致傳習，率攜以入棘闈，務以眩有司，謂之「懷挾」，視爲故常。珂嘗考承平時事蓋已嘗有禁，政和四年六月十九日，權發遣提舉利州路學事黄潛善奏：「仰惟陛下追崇先志，凡非先聖賢之書若元祐學術、政事害於教者，悉毋習。士宜彊學待問，以承休德。而比年以來，於時文中採摭陳言，區別事類，編次成集，便於剽竊，謂之『決科機要』，媮惰之士往往記誦，以欺有司。讀之則似是，究之則不根，於經術本源之學，爲害不細。臣愚欲望聖斷，特行禁毁，庶使人知自勵，以實學待選。」詔立賞錢壹百貫告捉，仍拘版毁棄。在京仰開封府限半月，州縣限一月。潛善素非公議所歸，其説徒狥時好，固不足道，特先朝盛時，多士輻集，而此風已見於議者之口，馴至今日，固無怪也。今此等書遍天下，百倍經史著録，蓋有不勝其禁且毁者。要亦何能混才學之淺深？潛善之請謚矣。

校勘記

〔一〕曰坐奠爵　「奠」字原脱，據晦庵先生朱文公文集卷六八跪坐拜説補。

〔二〕曰武坐致右軒左　案，據禮記正義卷三九樂記，「軒」字當作「憲」。

〔三〕今乃并得先聖先師二象　「二」字原作「三」，據晦庵先生朱文公文集卷六八跪坐拜説改。

〔四〕臣伏見審官院流内銓以知縣縣令闕多　「縣令」之「縣」字原脱，據長編卷二九〇元豐七月末條、宋朝諸臣奏議卷六八上神宗乞寬假長民之官補。

〔五〕有舉主合轉京官者　「合」字原作「令」，據長編卷二九〇元豐七月末條、宋朝諸臣奏議卷六八上神宗乞寬假長民之官改。

〔六〕自今歷職兩任已上有文學者　「職」字原脱，據宋大詔令集卷一六〇重書記詔、宋會要輯稿職官四八之五補。

〔七〕洺州雞澤縣主簿張觀　「洺州」原作「洛州」，據宋會要輯稿選舉一四之八改。

〔八〕觀忠武軍　據宋會要輯稿選舉一四之八，此下有「史武成軍」四字，當是。

〔九〕縛遣推囚名御史　「縛」字原作「傳」，據容齋隨筆卷三國忌休務、元氏長慶集卷二六辛夷花改。

〔一〇〕固以有光二代　「有光二代」四字魏書卷五八劉昶傳作「有高三代」。

〔一一〕虜年號　「虜」字底本、知不足齋本作「金」，據再造善本改。本條内「虜本無年號」、「虜無號」亦同。

〔一二〕大慶四年　案，遼無「大慶」年號，或爲天慶之誤。

愧郯録卷第十　七則

人品明證

官品名意之訛，珂嘗書之，然以九品爲人品之别而非官品，則未有的據也。及考之晉書衛瓘、鄧攸二傳，事特較明，蓋當時去魏未遠，名未大訛，意猶可識耳。故荐書之，以終前論焉。

瓘之傳曰：「瓘以魏立九品，是權時之制，非經通之道，宜復古鄉舉里選。與太尉、汝南王亮等上疏曰：『昔聖王崇賢，舉善而教，用使朝廷德讓，野無邪行。誠以閭伍之政，足以相檢，詢事考言，必得其善，人知名不可虚求，故還修其身。是以崇賢而俗益穆，黜惡而行彌篤。斯則鄉舉里選者，先王之令典也。自兹以降，此法陵遲，魏氏承顛覆之運，起喪亂之後，人士流移，考詳無地，故立九品之制，粗具一時選用之本耳。其始造也，鄉邑清議〔一〕，不拘爵位，襃貶所加，足爲勸勵，猶有鄉論餘風。中間漸染，遂計資定品，使天下觀望，唯以居位爲貴，人棄德而忽道業，争多少於錐刀之末，傷損風俗，其弊不細。今九域同規，大化方始，臣等以爲宜皆蕩除末法，一擬古制，以土斷定，自公卿以下，皆以所居爲正，無復懸客遠屬異土者。如此，則同鄉鄰伍，皆爲邑里，郡縣之宰，即以居長，盡除中正九品之制，使舉善進才，各由鄉論。然則下敬其上，人安其教，俗與政俱清，化與法並濟。人知善否之教，不在交游，即華競自息，各求於己矣。今除九品，則宜準古制，使朝臣共相舉任，於出才之路既博，且可以厲進賢之公心，覈在位之明闇，誠令典也。』武帝善之，而卒不能改。」考其言，始也清議，不拘爵位，褒貶足爲勸勵，中間計資定品，惟以居位爲貴。則品之爲制，乃逆設以待某品之人，其斷可知也。然猶未有見於遷陟表表可驗者。

還考攸之傳曰：攸舉灼然二品，爲吴王文學，歷太子洗馬，次歷東海王參軍，爲世子文學、吏部郎、東中郎將長史、河東太守。珂按杜佑通典及沈約宋書，具列品制，惟世子文學無之。如王國文學，六品也；洗馬、王國參軍，皆七品也；吏部郎，六品也；中郎長史，七品也；太守，五品也，皆不合二品之目。宋書志所載九品，明指言晉江右所定。攸先爲六品，一轉之爲洗馬，反在第七，則攸雖舉二品，其遷陟則隨時繫乎上命，尤顯顯矣。所謂二品者，蓋言其人才灼然，合在此品，定於郡中正之口，以俟上之採擇而已。

又南史陳暄傳曰：「暄以落魄，不爲中正所品，久不得調。」陳去魏逾遠矣，官品久訛矣，而暄傳若此，是其制猶未泯，豈不益大可信歟？

改易職事官名稱

近制，職事官或犯所授者家諱，每得改它官，皆一時制宜，參用舊官制，間有特免入銜者。

珂嘗考會要，頗似不然。熙寧十年十月十三日，新知荆南府、提舉本路兵馬巡檢公事吴中復言：「銜内『舉』字犯先諱，乞改提轄。」中書奏請批依，神宗忽降奎札曰：「朝廷官稱避守臣私諱，於義未安，宜不行。」其後，宣和四年九月二十五日〔二〕，臣僚言：「近者馬向爲開封府工曹掾，自陳父名開，乞避。而本府乃奏乞銜内不書府名，有違熙寧親札指揮。」詔別與差遣。即二事而觀之，則典故初未之許也。

及博考國史，吴廷祚爲樞密使，慕容延釗爲殿前都點檢，當拜同平章事，並以父諱改同二品。國初雖存此官制，僅止一再見，幾於特創。徐處仁爲資政殿學士、知青州，以祖諱改除端明，它如此比者不一。蓋開國勳臣，上所優禮，不容以常法論，而避高就下，不易官稱，令甲所許，又與前制不同云。

李文簡奏藁

避諱贈官之制，改易官稱之令，珂屢書之。及得李文簡燾巽巖集，其載當時乞用元豐以前官制加贈奏藁，於故事特詳，備用剟録，以參所聞。

燾之奏云：

臣聞事君猶事父也，心有所懷而不敢盡言，則爲隱。蓋臣子之大戒，莫重於隱，言之可聽與否，實惟君父所擇。雖不應言而言，固獲罪矣，不猶愈於匿情以犯大戒乎？臣用是，輒冒昧一言。

恭惟祖宗因前代之制而增修之，凡大禮既成，官自升朝以上，皆得追榮其父母，此國家之彌文至恩也。臣父某，故贈左朝奉大夫，緣臣誤通朝籍，再贈官至左朝議大夫，今次大禮，又當贈中奉大夫。寒儒門户，得此固足以賁飾泉壤，誇嫮鄉邑，其榮多矣，而又奚言？

獨臣私義有所不安，不得不自言者。所贈父官，適同父諱，儻拜君賜，若固有之，則恐於冒榮之律，疑若相犯。兼晉江統嘗論身與官職同名當改選，故事簡册具存，勢不容默，須至呈露，乞朝廷特賜參酌處分。雖以不應言而獲罪，亦所甘心也。

據律：「諸府號、官稱犯祖父名，冒榮居之者，徒一年。」雍熙二年，有詔：「凡除官內有家諱者，三省御史臺五品、文班四品以上，許用式奏改，餘皆不許。」及嘉祐六年，翰林學士賈黯知審官院，時大理寺丞雷宋臣除太子中舍，以父名顯忠，乞避，朝廷許之。黯謂宋臣不當避嫌名，朝廷既許宋臣，若後有如此而不避，則可坐以冒榮之律？因言：「自雍熙以來，或小官許改，或大臣不許，或雖二名、嫌名而許避，或正犯單諱而不許。前後許與不許，繫於臨時，蓋由未嘗稽詳禮律，立爲永制。約雍熙詔書，自某品以上，凡除官，若犯父祖名諱，有奏陳者，先下有司定。若當避，則聽改，餘不在此限。」於是下太常禮院、大理寺同議。禮院、大理寺言：「父祖之名，子孫所不忍道。不繫官品之高下，並當回避。」乃詔：「凡府號、官稱犯祖父名，而非嫌名及二名者，不以官品高下，並聽回避。」

其後，韓絳除樞密副使，自言「樞」字與祖名下一字同，乞避免而不許，事在治平四年，蓋遵嘉祐之詔也。熙寧八年，宋敏求提舉萬壽觀，敏求父名綬，自言「壽」字犯父嫌名，詔改醴泉觀，則嘉祐之詔復不行矣。及吴中復知荆南、兼提舉荆湖北路兵馬，中復父名舉，乞改稱提轄，詔以朝廷官稱不當避守臣私諱，遂不許。自熙寧以來，訖於近年，亦有許改者。既許改，則不繫官品之高下，嘉祐詔書理宜講明，以崇孝治。

然臣前所陳者，皆指身所居官犯父祖諱，初不及贈父祖官與父祖諱同者。蓋偶無其事，諸儒未暇討論，故闕如也。

臣今敢援晉江統所議，乞下禮官議之。按晉書及通典載江統言，臺選統叔父春爲宜春令，與縣同名。故事，父祖與職同名，皆得改選，而未有身與官職同名改選之例。統以爲凡改選者，蓋爲臣子開地，不爲父祖之身，而身名所加，亦施於臣子。凡佐史朝夕必稱厥官，儻指實而語，則觸尊者諱，違背禮經；或詭詞回避，則以私廢公，干繫成憲。若受寵朝廷，出身宰牧，而佐史不得表其官稱，子孫不得言其位號，上嚴君父，下爲臣子，體例不通。苟易私名以避官職，則又非春秋不奪人親之義。統以爲身名與官職同者，宜與觸父祖名爲比〔三〕，體例既通，義斯允當。武帝許之。

臣今所言，實與此相類。且身名與官職同者，猶許改授，若贈父官職乃觸父諱，比江統所謂佐史不得表其官稱，子孫不得言其位號者，不愈重乎？今一命以上，身所授官有觸父祖諱者，於法皆許寄理，但授以次官，父祖當贈官而所贈官有觸父祖之諱者，亦准此法。然寄理之法，施於贈官，則已似不通。蓋所謂寄理者，特不稱呼耳，雖辭其名，猶享其實。今贈官專以位號爲榮，顧使其家人不得稱呼，豈朝廷加惠臣子，崇奬孝治之意乎？況法所謂贈官觸父祖諱者，實指受所贈官之父母，非謂身贈父官自觸父諱者也。蓋贈父祖官，觸父祖之父祖諱，其當得贈官之父祖宜有所避。順死者孝心，雖寄理可也。身贈父官，自觸父諱，父何所避，亦使寄理。凡禮固起於義，緣是起禮於義，滋亦不通，兼詳朝廷創法，特許寄理，初不爲身贈父官自觸父諱者設也。身贈父官自觸父諱，則江統所云爲臣子開地之論，因旁搜類長，曲而通之。

有難臣者曰：「諱非古也，爰自周始，當時作詩、書者，亦未嘗以昌、發爲諱。人君猶然，況人臣乎？」臣謹答之曰：「事固當師古，古未始有而今則有之，其可不酌古之道以御今之有？且名諱之式，上下通行，非一世矣，獨於身贈父官而自觸父諱，偶未涉歷，故莫有以爲言。臣實自履兹事，其可不表而出之，使知禮者考求其説，因以備國家之彌文，廣祖宗之至恩乎？」難臣者又曰：「如是，則使朝廷曷爲而可？」臣謹答之曰：「臣所以敢昧死自言者，政有望於朝廷，使知禮者考求其説也，其敢必乎？」

然臣有區區之愚，不自知其僭妄，敢私布之。臣謹按今朝請大夫，在未改官制以前，實爲前行郎中。吏部、司封、司勳、考功、職方、駕部，皆前行也。據職官志，前行郎中有出身則轉太常少卿，無出身則轉司農少卿，既改官制，太常、光禄、衛尉、司農少卿，皆爲朝議大夫。據職官志，太常少卿舊轉光禄卿，既改官制，則光禄實中散大夫。元祐三年，中散大夫分左、右，有出身人轉左中散大夫。大觀二年，除去左、右字，特贈中奉大夫〔四〕，以代左中散大夫。今中奉大夫，其實未改官制以前光禄卿也。中奉大夫今轉中大夫，中大夫未改官制以前，實爲秘書監，秘書監舊轉左、右諫議大夫，今爲太中大夫。竊伏自念，臣不肖，苟未先狗馬填溝壑，且免于罪疾，常獲備官，使幸而遇天子有事於郊、明堂之歲，錫福遍九地之下，則臣父始得贈官。以祖宗故事言之，凡三歲一舉大禮。自中奉大夫至太中大夫，累三官率九歲乃得之。幸得之，而位號卒不可以稱呼，雖朝廷之彌文至恩，不容以臣一人之故輒議損益，而臣私義誠有所不安。惟明主盡人之情，亦所宜憐也。自改官制，卿、監、諫議皆爲職事官，固不當以爲贈官。然天下郡邑薦紳門户，固有以舊官制爲稱呼，未嘗改者，蓋事匪前代，命由列聖，於職制禄秩，初無與焉，特借其名耳。傳所謂「道並行而不相悖」者，蓋指此類。

故臣愚以爲若朝廷特推異恩，不限官品高下，令有司於新舊官制，稍加斟酌，使天下當贈官者，苟觸父祖本諱，亦聽改授，如晉王舒除會稽内史，及建隆初慕容延釗除中書門下二品體例，或取今「寄理」字加舊官制上，暫聽稱呼，以極人子孝敬之義。自我作古，昭示無窮，顧不美歟！是臣所願也，非臣所敢望也。不應言而言，罪當萬死，惟陛下裁察。」

貼黄曰：「檢准尚書司封令：『諸應封贈與祖父名相犯者，即贈以次官。』契勘上條，止爲所合封贈父母妻官稱，犯父母妻之父祖名，即與身贈父官所贈官自犯父名不同，難以准上條施行，須至陳乞參酌。」

珂按晉書、通典江統之言，專以佐史朝夕之稱爲疑，要非贈典之比。雍熙、嘉祐之制，雖在珂所書吴中復事之前，然熙寧實衡改前詔，宣和馬向之命，又申之也，雖或行或尼，而續無明文。若夫加「寄理」字，則參預壁蓋以爲非故常矣。今司封定制，以天下之大，豈無名諱犯官稱者？迄不知其何所據依而爲之折衷也。

同二品

國初，吴廷祚、慕容延釗，以父諱章，當爲使相，不帶平章事，並拜同中書門下二品。珂前於「改易職事官名稱」中見之。按唐會要，是名始於李勣。貞觀十七年正月〔五〕，勣除太子詹事，爲同中書門下三品。則名之縁起，必因於唐。而二品之號，則復加一等矣，似非故事也。考之蘇氏駁，有曰：「同中書門下三品，是李勣除太子詹事創有此號。原夫立號之意，以侍中、中書令是中書、門下正三品官，而令同者，以本官品卑，恐位望及雜壓不等，故立此號，與之同等也。勣至二十三年七月，遷開府儀同三司，八月，又改尚書左僕射，並同中書門下三品。且開府是從一品，僕射是從二品，又令同者，豈不與立號之意乖乎！謹按後漢殤帝以鄧騭爲車騎將軍、儀同三司，觀其創置之意，亦以上企三公也，可以爲證矣。永隆二年閏七月，崔知温、薛元超除中書令，並云同中書門下三品，又大乖也。」詳蘇氏之意，則本朝所以進爲二品，當不爲無意。及觀五代會要：「長興四年九月，敕馮贇有經邦之茂業，宜進位於公台。但緣平章事犯其父名，不欲斥其家諱，可改同平章事爲同中書門下二品。」則二品之名，肇見於此，國朝蓋襲而用之爲無疑矣。然宰相稱謂以一人之私而易之，後唐之典章不幾於輕？明宗長興迄於是年，繼之者一用此官名。或惟改贇官稱，皆不可考。歐陽文忠修本紀至十月庚申，始書贇爲樞密使，無二品事。唐書勳初除在四月己丑，拜儀同在六月癸巳，僕射在九月乙卯，皆與會要不同，特以其可與他官稱改易者，互見而參取，故詳著之。

旌節

唐六典門下省符寶郎之掌：「五曰旌節」。注引周禮掌節職曰：「凡邦國之使節，山國用獸節，土國用人節，澤國用龍節，皆金也。」又云：「道路用旌節。」注云：「今漢使所擁是也。漢書曰：『戾太子遭巫蠱事，懼不自明，取使節發兵，與丞相劉屈氂戰。初漢節純赤，以太子持赤節，故更爲黄旄，加以相別。』『蘇武在匈奴，持漢節毛落。』並其事也。」旄節之制，命大將帥及遣使於四方，則請而假之，旌以專賞，節以專殺。

珂按三朝國史輿服志曰：「旌節，唐天寶中置節度使，受命日賜之，得以專制軍事，行即建節，府樹六纛。皇朝凡命節度使，有司給門旗二、龍虎旗一、節一〔六〕、麾槍二、豹尾二。凡製旗，以紅繒九幅，髹漆杠、緋纛。旌用塗金銅龍頭〔七〕，髹漆杠，綢以紅繒，畫白虎，設髹漆木盤於上〔八〕。節亦用髹漆杠，飾以金塗銅葉，凡三盤，爲二層〔九〕，以紅絲爲旄，並綢以紫綾複囊〔一〇〕，又加碧絹囊〔一一〕。麾槍、豹尾，亦髹漆杠。麾槍設髹漆木盤，綢以紫繒複囊，又綢以碧油〔一二〕。豹尾，制以赤黄布，畫豹尾文。」然則今制有節無旌，又與唐制爲不同也。

珂在中都，屢見文思程工率以上諸匠監，而後放下，其制度頗草草。諸建旄者率爲屋數楹，置香几於前，月祭以俎肉巵酒，而命一二使臣者視其扃鑰，號爲「節堂」，蓋徒以爲觀美云。

慈德宫

紹聖元年閏四月十八日，詔改隆祐宫曰慈德宫，前殿曰慈德，中殿曰仁明，後殿曰壽昌。是時欽聖憲肅后在東朝，改上茲號。珂按會要：「景祐三年十一月二十一日，詔章惠皇太后來年二月影座，於右掖門入景暉門赴慈德殿。」然則亦複名也。

寺觀敕差住持

中興以後，駐蹕浙右。大刹如徑山、淨慈、靈隱、天竺，宮觀如太一、開元、佑聖，皆降敕劄差主首。至於遐陬禪席，如雪峰、南華之屬，亦多用黄牒選補。珂按李文簡燾續長編：「熙寧八年八月戊申，詔内外宮觀、寺院主首及僧、道正〔一三〕，舊降宣敕差補者，自今尚書祠部給帖。」神祖之意，凡以爲不足辱制旨而已，其制不知更於何時，要鄰於瀆也。

校勘記

〔一〕鄉邑清議　「清」字底本作「請」，據再造善本、明刊本、知不足齋本、晉書卷三六衛瓘傳改。

〔二〕宣和四年九月二十五日　案，「二十五日」宋會要輯稿儀制一三之二二作「二十九日」。

〔三〕宜與觸父祖名爲比　「觸」字底本、知不足齋本作「斥」，再造善本、明刊本作「觸」，案愧郯録本條下文有「身所授官有觸父祖諱者」之文，知「觸」字爲是。又晉書卷五六江統傳亦作「觸」。

〔四〕特贈中奉大夫　案，「贈」字不通。宋史卷一六九職官志九中奉大夫下注曰「大觀新置」，則

「贈」爲「增」之誤。

〔五〕貞觀十七年正月　「貞」字原作「正」，避宋仁宗趙禎諱，今回改。

〔六〕龍虎旗一節一　諸本皆同，案，宋史卷一五〇輿服志二作「龍虎各一、旌一、節一」。又本條下文言「然則今制有節無旌，又與唐制爲不同也」，可知此處當漏引「旌一」二字。

〔七〕旌用塗金銅龍頭　「龍」字宋史卷一五〇輿服志二作「螭」。

〔八〕設髹漆木盤於上　案，宋史卷一五〇輿服志二作「頂設髹木盤」，後有「周用塗金飾」五字。

〔九〕凡三盤爲二層　案，文獻通考卷一一五王禮考十作「凡三盤，爲三層」，宋史卷一五〇輿服志二作「上設髹圓盤三層」。

〔一〇〕並綢以紫綾複囊　「複」字文獻通考卷一一五王禮考十作「旗」。

〔一一〕又加碧絹囊　「碧絹囊」三字宋史卷一五〇輿服志二作「碧油絹袋」。

〔一二〕又綢以碧油　「綢以碧油」四字宋史卷一五〇輿服志二作「加碧油絹袋」。

〔一三〕詔内外宫觀寺院主首及僧道正　「主首」二字原作「主者」，據長編卷二六七熙寧八年八月戊申條改。

愧郯録卷第十一　五則

制舉科目

制科之設，自漢有之矣。至唐而其名特多，猶止於御試策而已。國初置三科：一曰賢良方正能直言極諫，二曰經學優深可爲師法，三曰詳閑吏理達於教化。並州府解送吏部，試論三道，共三千字以上，當日内成，取文理優長、人物爽秀者中選〔一〕。而設科之後，竟無試者。乾德二年正月十五日〔二〕，始詔：「不限内外職官、前資見任、黄衣布衣，並許直詣閤門，進奏請應。朕當親試，以進時賢。」下詔之七十五日，而前博州軍事判官潁贄首應詔自薦，臨軒召試賢良科，稱旨，遂拜秘書省著作郎。其四年，賢良科則又有姜涉，經學科則有郝益出焉。五月二十七日，藝祖御紫雲樓策試，而陶穀、竇儀、王著、盧多遜、王祐、尹拙、姚恕、馮英並命參校，涉等皆以疏略賜罷，猶賜酒食以遣之。

定陵右文，益篤斯志。林陶應制舉，試學士院，不及格，猶賜同進士出身，見於咸平三年四月十五日之詔。其市駿骨之意，灼然可見矣。然乾德紫雲之試，距今三十有四年，元無一人嗣膺此選，不知中間何時遂增學士院一試也。明年四月十三日，始以賢良科試査道、陳越、王曉，而李邈、魯驤不入等。其八月十日，又試何亮、孫暨、孫僅、丁遜，皆入第四等及第四次等，考官宋白、梁周翰、師頏、李宗諤、趙安仁、薛映、楊億。殊不聞前有别試，亦無學士院考定之文。至景德二年之七月十八日，詔復置賢良方正能直言極諫、博通墳典達於教化、材識兼茂明於體用、武足安邊、軍謀宏遠材任邊寄等科，詔書有曰：「宜委中書門下先加程試，如器業可觀，具名聞奏，朕將臨軒親試。」則未御試之前，再加一試，疑自此始。然賢良方正之舉，得人僅在四年之前，而詔乃明言復置此科，殊不見罷科之日，爲不可曉也。明年七月二十九日，以考定官晁迥、重考官吕文仲、吕祐之、戚綸、陳彭年所考，當應制舉人所納文卷付中書詳較。會要書其事，以爲真皇之意，蓋恐遺才，當是所考有不中格者，而復加詳審爾。此僅與今進卷策論付侍從、後省看詳者同，而非試也。八月二十二日，詔趙宗古、陳絳、令狐頌、陳漸、陳貫，令依例付中書試，蓋即前詳較不中者之姓名。然中書所試，亦未詳以何等文字。九月十七日，御崇政殿策試，乃錢易、石待問二人，又與前名不同。考之登科記，則言二年之詔，已有委中書試論六首之旨，是年乃不紀論題。又明年，中書門下考試陳絳、夏竦，乃肇見六論：一曰定四時，别九州，聖功孰大；二曰考定明堂制度；三曰光武二十八將功業先後；四曰九功九法，爲國何先；五曰舜無爲〔三〕，禹勤事，功業孰優；六曰曾參何以不列四科。此蓋試論之始，而絳又去年所召至今，乃中者也。自是而後，曠歲無之。

仁宗天聖七年閏二月二十三日，復詔置六科。惟增詳明吏理可使從政，餘皆如景德之詔。是科元未嘗罷，而再稱復置，尤不可曉。詔書又曰：「今復置賢良方正能直言極諫、博達墳典明於教化、才識兼茂明於體用、詳明吏理可使從政、識洞韜略運籌決勝、軍謀宏遠材任邊寄六科，應内外京朝官不帶臺省館閣職事、不曾犯贓及私罪情輕者，並許少卿監已上奏舉，或自進狀乞應上件科目。仍先進所業策、論五十首詣閤門，或附遞投進，委兩制看詳。如詞理優長，具名聞奏，當降朝旨，召赴闕，差官試論六首，以三千字以上爲合格，即與御試。又置高蹈丘園、沉淪草澤、茂才異等三科，應草澤及貢舉人非工商雜類者，並許本路轉運、逐處長貳奏舉，或自於本貫投狀，乞應上件科目，州縣體量，實有行止別無玷犯者，即令納所業策、論五十首，本州看詳。委實詞理優長，即上轉運使覆，更審訪鄉里名譽，選有文學佐官看詳。委實文行可稱者，即以文卷送尚書禮部，委判官看詳。選擇文理優長者具名聞奏，當降朝旨，召赴闕，差官試論六首，以三千字以上爲合格，即與御試。又置書判拔萃科、武舉。其逐處看詳官，不得以詞理平常者一例取旨，如違，必行朝典。仍限至十月終已前，具姓名申奏到闕。更有合行事件，委逐司條例以聞。」其制加詳矣。

明年六月十六日，命盛度、韓億就秘閣考試賢良科何詠、茂才科富弼，論各六首，蓋始就閣試。登科記明言茂才科六論，與賢良同，詠既有官，弼爲進士，當如詔書以賢良方正而下六科爲有官者之試，高蹈丘園而下三科爲未仕者之試，其名不同，而實一耳。景祐元年六月二十一日，始於才識兼茂科得吴育，而張方平以進士中茂才。寶元元年七月二十七日，方平又以秘書省校書郎再對賢良方正之策，則是制科人有再試再中者矣。至皇祐元年八月二日，上封者言：「伏見國家每設制科以收賢材，中選之後，多至大用，以此知不獨取於刀筆，蓋將觀其器能也。舊制，秘閣先試六論，合格者然後御試策一道，先論者蓋欲探其博學，後策者又欲觀其才用。近來，御前所試策題，其中多問典籍名數及細碎經義，乃是又重欲探其博學，竟不能觀其才用，豈朝廷求賢才之意耶？欲乞將來御試策題中，止令問事關治亂、體繫安危，用之則明昌，捨之則微弱，往古之已試，當今之可行者十餘條，限三千字以上成。所對人若文理優長、識慮深遠，其言真可行於世，其論果有補於時者，即爲優等。若是文意平常、别無可采者，即爲末等，量與恩澤。所有名數及細碎經義，更不詳問。如此，則不爲空言，可得實效。」詔撰策題官先問治亂安危大體，其餘所問經史名數，自依舊制，則其制益加詳焉。

至熙寧七年五月十四日，以御試舉人既有策，從中書門下之言，並罷此舉。時吕惠卿力主之，馮京力争而不能得。元祐元年閏二月二日，用侍御史劉摯之言〔四〕，復賢良、茂才科。明年九月二十四日，首得布衣謝悰，未仕而中賢良科，肇見於此。紹聖元年九月十二日，哲宗用章惇、李清臣、鄭雍之議〔五〕，又詔罷制科。

高宗中興，紹興元年正月一日，德音首詔復置賢良一科，且令講求典故，於是儀曹之奏曰：「舊制，科場年春降詔，九月赴試〔六〕，命尚書、兩省諫議大夫以上、御史中丞、學士、待制各舉一人，不拘已未仕，命官不拘有無出身，仍以不曾犯贓、私罪充。各具辭業，策、論五十篇，分爲十卷繳進入，舉詞送兩省、侍從參考。分爲三等，文理優長爲上等，次優爲中等，平常爲下等。考試繳奏，次優以上召赴閣試。今詳天聖七年，復置六科，詔書首云『皆考士節之無瑕，采鄉評之共許』。嘉祐二年，詔舉九科，亦令采察文行，若不如所舉，並坐舉者。四年，旌德縣尉汪輔之已試六論，過閣及殿試亦考入第四等，而言者以無士行罷之。故蘇文忠軾有云：『凡預中書之詔命〔七〕，已爲天下之選人。然猶使御史得以求其疵，諫官得以考其素，一陷清議，輒爲廢人。』蓋國家自昔制科取人，中選之後，多至大用。其考察之嚴，不得不爾。令乞今後遇有應者，並須尚書、兩省諫議大夫以上、御史中丞、學士、待制三人奏舉，先考其素行，無愧於清議，然後詔試，舉非其人者坐之。其閣試舊制，一場論六首，每篇限五百字以上，題目於九經、十七史、七書、國語、荀子、楊子、管子、文中子正文及注疏内出，内一篇暗數，一篇明數。如紹聖元年，閤試『舜得萬國之驩心論』，出史記樂書『舜彈五絃之琴，歌南風之詩，而天下治』。夫南風之詩者，生長之音也，舜樂好之，樂與天地同意，得萬國之驩心，故天下治也，此謂暗數。『謹事成六德論』，出毛詩『皇皇者華』箋注，此謂明數。四通以上爲合格，仍分五等，入四等以上召赴殿試。論引上下文不全，上下文有度數及事類，謂之暗數〔八〕；引不盡，並爲粗。差翰林學士、兩省官考試于秘閣，御史臺官監試，及差封彌謄録官考訖，以合格試卷繳奏，御前拆號。竊詳舊制，兼注疏内出題。今復科之初，欲權罷疏義，餘依舊制。」詔疏義出題，臨時取旨。

珂嘗考之，所謂舊制，蓋祖宗之制也。自賢良以至邊寄，謂之「六」，增高蹈等三科，謂之「九」，此則甚明。特所舉官之名稱，前乎元豐，則不能詳；所出題之詳略，因乎元祐，而不能舉。遂使外臺參薦之制，尼不復見，而臨時取旨之詔，高宗猶意其更祖宗之已行，益有以啓上心之疑，而未之亟許焉。明年正月一日，遂下詔：「今後科場復置賢良科，舉官繳詞業。」一如儀曹之奏，不復許在外之明剔者。其後至四年三月十一日、七年二月九日、十年三月二十三日、十四年三月二十八日、十七年四月二日、二十年五月四日、二十三年五月一日、二十六年四月三日、二十九年三月十九日、三十二年三月二十八日，凡十一詔，而迄無應者〔九〕。孝宗即位，詔令郡國皆聽薦舉。乾道五年十一月四日，始得李垕復就中書試焉，爾後李塾、鄭建德、莊治、姜凱、滕宬、杜旟之流，時不乏人，或試而不合，或召而不試，或薦而不召，寥寥絶響，迄未復振，良以此也。

按薦舉之制，咸平四年二月二十五日詔：「令學士、兩省御史臺五品以上、尚書省諸司四品以上，於内外京朝官〔一〇〕、幕職州縣官及草澤中舉賢良方正之士各一人。」三月十九日詔：「所舉賢良方正，應已貼館職及任轉運使者，不在舉限。」天聖七年六月二十一日，屯田員外郎劉夔請應制科，翰林學士宋綬言其已任尚書六品官，罷之。景祐元年二月四日詔：「六科今後應京朝官、幕職州縣官不犯贓罪及私罪情輕者〔一一〕，並許應。京朝官須是太常博士已下，不得帶省府推判官、館閣職事并發運、轉運、提點刑獄差任者，其幕職州縣官須經三考以上。其見任合該移入沿邊不般家地分，及川、廣、福建等處者，候迴日，許應高蹈丘園、沉淪草澤、茂材異等三科及武舉〔一二〕。應進士諸科取解不獲者不得應。」慶曆六年六月十八日詔：「自今制科並隨貢舉爲定制，須近臣論薦，無得自舉。」嘉祐二年六月十九日詔：「自今太常博士而下，不充臺省、館閣職及提點刑獄以上差任，選人不限有無考第，並草澤人，並聽待制以上舉，即不得自陳。内草澤人，並許本路轉運使採察文行，保明奏舉。如程文荒淺不中選，才行不如所舉者，坐之。」

出題之制，景祐四年閏五月四日，命兩制各上策問，參以經義。元祐七年五月十一日詔：「秘閣試制科〔一三〕，於九經、兼經、正史、孟、楊、荀、國語及注内出題，其正義毋出。」又國初以宰相撰題。紹聖元年，命翰林學士林希撰題。乾道七年九月，命宰相葉衡撰題。是皆國家科目沿革之制，先後互考，尤可見其變也。初，熙寧變更，王荆公用事，惡人議己，欲撼成制，二年十二月九日，始詔削制科恩數，迄於罷舉。紹聖章惇奏對，遂有復科無補，謝悰、王當、司馬樲等皆極疏謬之説，是不足論。而皇祐五年八月，試者十八人，時宰相密諭考官只放一人過閣，惟太祝趙彦若與選，及對策，又黜之，則深可爲治朝惜。若嘉祐八年六月十七日，詔制科十七人，趙㝢等權罷將來科場，便赴秘閣就試，蓋一時有所不暇，非故事也，然天聖、嘉祐之詔，紹興之議，考之素行，又爲取人之要云。

追册后

國初追册后，始於孝惠。建隆三年四月，追册爲皇后。乾德二年三月，謚曰孝惠。太常上議，攝太尉、皇弟、開封尹奉册。繼之者淑德、懿德、章懷、章穆、温成、明達、明節、成穆，凡八行焉。母后又不與也。惟明道二年十月三十日，追册美人張氏爲皇后。十一月三十日〔一四〕，詔追册皇后官告焚黄進入内。是時郭后正位中宫，仁宗追念遺徽，特崇位號，故不盡用后制。然以儷體宸極，乃舍册用告，下儕妃嬪，雖曰欲從殺禮，然予名揖實，訂禮者要失所據矣。其後温成卒，奉册，孫威敏沔以樞密副使力争，不肯行事，亦可見當時之公議焉。

后陵名樂舞

國朝陵名自昌、熙而下皆聯「永」字，定於宰臣，皇后皆祔葬，或從姑，未嘗獨製陵名。上謚皆繇太常，樂舞製於學士。如大安之樂，雖定於皇祐三年七月丁巳，然自開國之初，建隆元年四月癸酉，固已以十二安易周十二順矣，惟章懷后追册，以至道三年六月十三日降制，而七月二十四日，直祕閣朱昂請上謚，八月三日昂又上陵曰保泰，舞曰永和。遡考是時，諸后在清祏，孝明曰惠安，孝惠曰奉安，孝章曰懿安，懿德曰順安，淑德曰嘉安，章穆曰理安，又皆有樂曲名，獨此爲不然，殆不可曉。且以直秘閣而議典禮、上廟謚、製陵名、定樂舞，以后廟而特起陵名，且用二字，皆典故所無也。

上后謚官

建隆二年六月二十三日，太常少卿馮吉上昭憲皇后初謚曰明憲，自後以爲故事。惟孝章以翰林學士承旨宋白，元德以秘閣校理舒雅，章懿則命翰林學士馮元，如孝惠則闕上議之官，温成則有賜謚之詔，它皆以判太常寺貳卿之議而行之。自慈聖光獻以母儀四朝，始用翰林學士章惇，仍始受成於祖宗之廟，以後乃歸之翰苑，以爲常制。章穆之爲莊穆，仍有吏部尚書張齊賢等覆謚，又不同云。

告謚祖廟

受后謚于祖廟，自國初已有此議，已而莫之能行。昭憲之謚，建隆二年七月八日，太常禮院言：「準詔議定皇太后謚，按唐憲宗母王太后崩，有司集議，以百官謚狀讀於太廟，然後上之，取受成於祖宗之義也；周宣懿皇后謚號，即有司撰定奏聞，未嘗集議，制下之日，亦不告郊廟，修謚册畢，始告廟，還讀於靈座前。」詔從周制。是初有請而未從也。孝明之謚，乾德二年正月七日，太常禮院言：「按唐會要，元和十一年，順宗皇后王氏崩，謚曰莊憲。初，太常少卿韋纁進謚議，公卿集定，欲告天地宗廟。禮官奏議曰：『按曾子問：「賤不誄貴，幼不誄長，禮也。」古者皇后之謚，則讀於廟。江都集禮引白虎通曰：「皇后何謚，謚之於廟。」又曰：「皇后無外事，無爲於郊。」所以必謚於廟者，謚宜受成於祖宗，故皇后謚成於廟。請準禮集百官連書謚狀訖，讀於太廟，然後上謚於兩儀殿。』今孝明皇后上謚，望如舊禮。」詔令尚書省集官議定以聞，是又惟從其集議而已。

迨于神宗，追孝仁祖爲天下得人之德，慈聖光獻凡禮皆異於前。於是用翰林學士章惇之議，始集中書、樞密院、侍從官、御史臺五品、尚書省四品、諸司三品、宗室正任團練使以上赴太廟，行請謚之禮。遂詔作册寶，告於天地、宗廟、社稷，讀於慶壽殿，時元豐二年十一月十三日也。

以後又有母后中闈之别，蓋有唐已定之制，有司屢請，迄六世而後克從，以是知議禮聚訟，豈不難哉。

校勘記

〔一〕當日内成取文理優長人物爽秀者中選　「成取」二字原作「取成」，據宋會要輯稿選舉一〇之六乙正。

〔二〕乾德二年正月十五日　「二」字原作「元」，據長編卷五乾德二年正月壬辰條、宋會要輯稿選舉一〇之六改。

〔三〕五曰舜無爲　「無」字底本作「典」，據再造善本、知不足齋本、文莊集卷二〇舜無爲禹勤事功德孰優論改。

〔四〕用侍御史劉摯之言　「摯」字原作「贄」，據長編卷三六六元祐元年閏二月庚寅條改。

〔五〕哲宗用章惇李清臣鄭雍之議　「惇」原作「享」，避宋光宗趙惇諱，今回改。下同。

〔六〕九月赴試　「試」字原作「詔」，據宋會要輯稿選舉一一之二一改。

〔七〕凡預中書之詔命　「中」字原作「言」，據宋會要輯稿選舉一一之二一、蘇軾文集卷四六謝制科啓改。

〔八〕謂之暗數　「謂之」二字原脱，據宋會要輯稿選舉一一之二二、建炎以來朝野雜記甲集卷一三補。

〔九〕而迄無應者　「者」原作「書」，據學海本改。

〔一〇〕於内外京朝官　「朝」字原脱，據宋會要輯稿選舉一〇之七、長編卷四八咸平四年二月丙寅條補。

〔一一〕六科今後應京朝官幕職州縣官不犯贓罪及私罪情輕者　「縣」字原脱，據宋會要輯稿選舉一〇之二一補。

〔一二〕許應高蹈丘園沉淪草澤茂材異等三科及武舉　「澤」字底本作「莽」，「材」底本作「科」，據再造善本、知不足齋本、宋會要輯稿選舉一〇之二一改。

〔一三〕秘閣試制科　原作「秘閣試制論科」，「論」字據長編卷四七三元祐七年五月癸巳條、宋會要輯稿選舉一一之一八删。

〔一四〕十一月三十日　「三十日」宋會要輯稿禮三二之二七作「三日」。

愧郯録卷第十二　七則

文武服帶之制

國朝服帶之制，乘輿、東宫以玉，大臣以金，親王、勳舊間賜以玉，其次則犀、則角，此不易之制。考之典故，玉帶：乘輿以排方，東宫不佩魚，親王佩玉魚，大臣、勳舊佩金魚。金帶有六種：毬路、御仙花、荔枝、師蠻、海捷、寶藏。金塗帶有九種：天王、八仙、犀牛、寶瓶、師蠻、海捷、雙鹿、行虎、窪面。金束帶有八種：荔枝、師蠻、戲童、海捷、犀牛、胡荽、鳳子、寶相花。金塗束帶有四種：犀牛、雙鹿、野馬、胡荽。犀帶有二種，以牯、牸爲别。自金帶而下，凡爲種二十有七，朝章之辨盡於此矣。

祖宗時凡新除恩慶，宰臣、樞密使、知樞密院事、參知政事、樞密副使、同知樞密院、簽書、同簽書樞密院事，賜金笏頭二十五兩帶，副以魚袋，武臣御仙花帶，無魚袋。使相、節度使、宫觀使、觀文殿大學士，曾任宰相者即賜金笏頭二十五兩帶，副以魚袋，餘只賜御仙花帶，無魚袋。三司使權及權使公事同。、觀文殿學士、資政殿大學士、翰林學士承旨、翰林學士、資政殿、端明殿、翰林侍讀侍講、龍圖、天章、寶文閣、樞密直學士、龍圖、天章、寶文閣直學士〔一〕、御史中丞兼、守並同。，並賜金御仙花二十兩帶，知制誥賜牯犀帶，副以金魚。凡出使，見任中書、樞密使，曾任宰相，并使相、節度使，賜金御仙花二十五兩束帶。宣徽使、曾任中書樞密院、充諸路都總管、安撫使，賜金御仙花二十兩束帶。節度觀察留後、觀察使，賜金御仙花二十兩束帶。正任防禦使至刺史、內客省使至閤門使、延福宮使至昭宣使，充諸路路分、一州總管、鈐轄、沿邊知州軍、安撫，賜金御仙花二十兩束帶，諸司使充者十五兩。客省、引進、閤門副使、諸司副使、內侍省內侍押班充諸路沿邊路分鈐轄，賜金御仙花十五兩束帶。文臣換武臣，並賜塗金銀寶瓶十五兩帶。御前軍班換前班，並賜塗金銀帶。諸司使寶瓶二十兩，副使至崇班寶瓶十五兩，供奉官至殿直荔枝十兩，奉職、借職雙鹿八兩。堂後官新除賜塗金銀寶瓶十五兩帶。伎術官雖服紫、緑，皆給銀帶。

元豐改官制，五年正月二十九日詔：「三師、三公、宰相、執政官、開府儀同三司、節度使嘗任宰相者、觀文殿大學士以上〔二〕，金毬文方團帶，佩魚，觀文殿學士至寶文閣直學士、節度使、御史大夫、中丞、六曹尚書、侍郎、散騎常侍御仙花帶，內御史大夫、六曹尚書、翰林學士以上，及資政殿學士特班翰林學士上者，仍佩魚。」大觀二年五月十七日詔：「中書舍人、諫議大夫、待制、殿中少監，許繫紅鞓犀帶，更不佩魚。」迄于中興，乾道九年十二月五日詔：「中書舍人、左右諫議大夫、龍圖、天章、寶文、顯謨、徽猷、敷文閣待制、權侍郎，許服紅鞓排方黑犀帶，仍佩魚。」於是其制始定。

然考之初制，亦頗有不盡同者。按，太平興國七年正月九日，翰林學士承旨李昉言：「準詔詳定車服制度，其荔枝帶本是内出以賜將相，在於庶僚，豈合僭服？望非恩賜者，官至三品乃得服。」詔可。則是荔枝帶其初固嘗以賜將相矣，而今則惟武臣用之也。

慶曆八年十一月二十九日，彰信軍節度使兼侍中李用和言：「伏見張耆授兼侍中日，特賜笏頭金帶，以爲榮異。欲望正謝日準例特賜。」詔如耆例。王貽永見任樞密使、同平章事，亦令閤門就賜。則是笏頭帶，其初雖武臣爲見任樞密使若使相者，皆未嘗得賜矣，而今則凡使相皆通服也。

熙寧十年十二月八日，崇信軍節度使同中書門下平章事宗旦、集慶軍節度使同中書門下平章事宗諤以郊禮加恩告謝，特賜金笏頭腰帶，加魚袋，自是宗室帶同平章事者著爲例。則是宗室使相初亦不服其帶，至此而始更其制。

紹興六年八月十四日，三省行首司言：「宰執秦檜昨係資政殿大學士，今來除觀文殿學士，到闕朝見，閤門稱不合繫笏頭毬文帶。」詔許服繫舊賜帶。則是前任宰執初亦不服其帶，至此而始許其服。蔡絛鐵圍山叢談曰：

太宗時得巧匠，因親督視於紫雲樓下造金帶，得三十條，匠者爲之神耗而死。於是獨以一賜曹武穆彬，其一太宗自御之，後隨入熙陵，而曹武穆所賜帶，即莫測何往也。餘二十八條，特命貯之庫，號「鎮庫帶」焉。後人第徒傳其名，而宗戚群璫間一有服金帶異花精緻者，人往往輒指目「此紫雲樓帶」，其實非也，故吾迄不得一識之。自貯庫帶後，廑歷百五十年所，及虜騎犯闕，太上皇狩丹陽，因盡挈鎮庫帶以往。而一時從行者，有若童貫、伯氏諸貴，遂皆賜紫雲樓金帶矣。後事甫平，太上皇歸宮闕，於是靖康皇帝復命追還之庫。吾在萬里外，獨嘗聞諸，然又不得一識也。中興之十三祀，有客來自海外，忽出紫雲樓帶，止以四銙出視吾〔三〕。蓋虜騎再入，適紛紜時，所追還弗及者。其金紫磨也，光艷溢目，異常金。又其文作醉拂菻人，皆突起〔四〕，長不及寸，眉目宛若生動，雖吴道子畫所弗及。若其華紋，則又六七級，層層爲之，鏤篆之精，其微細之像，殆入於鬼神而不可名。且往時諸帶方銙不大〔五〕，此帶迺獨大，至十二稻。是在往時爲窮極巨寶，不覺爲之再拜大息。我祖宗規模，雖一帶猶貽厥後世，必無以加也。

則是金帶諸種之外，乘輿、大臣又有通服拂菻帶之制。

紹興三年正月二十八日，詔：「宗室外正任，依舊許繫金帶。已賜花犀帶及見繫花犀帶臣僚，除宗室依條外，餘不許服。」則是犀帶、牯牸之外，宗室又有通服花犀帶之文。

珂嘗詳考所由，參之典故，亦各自有其說。端拱中，詔作瑞草地毬路文方團胯帶，副以金魚，賜中書、樞密院文臣。是太平興國初猶未定制也，故荔枝亦通用焉。端拱之賜止及文臣，故武臣之賜笏頭始於慶曆。而宗室之賜笏頭亦始於熙寧，會要所載宗室許服工夫金帶、通犀、牯犀等帶。故紫雲之帶，熙陵所以寓其親厚元勳之意。而宗室花犀亦得著令通服之。要之五者，皆有所據，獨秦檜所服一事，頗背典章。按元豐之制，觀文殿學士服御仙花，而元祐五年十一月十日詔：「臣僚曾賜金帶，後至不該繫者，在外許繫。」以理考之，檜當時在外，因其舊繫所服笏頭而許繫焉是矣，到闕則合服御仙花矣，一時特許服繫舊賜帶，固出上恩。而中興會要乃繫之曰：「宰執因降黜不帶職，並同庶官。後復職者，恩數並合依舊。以閤門誤認法意，有司申明，故降是命。」如此則元祐之詔不復行，元豐之制不可用矣。是書雖進於孝宗朝，而書館積舊事彙爲一編，蓋沿檜舊文云。

非宰執賜笏頭帶

服帶之制，凡非中書、樞密院，若使相無賜笏頭帶者。惟元豐元年十一月乙亥，宣徽南院使、西太一宮使王拱辰辭，賜方團金帶。珂按，爲宣徽使而特賜者有三，張方平、郭逵皆嘗爲執政，非拱辰比。是時之詔，以拱辰歷事三朝，累經内外清要繁劇，特從其請，不得爲例。又許依二府賜墳寺度僧，其異數爲奕，見于劉忠肅摯所作行狀，蓋無前比云。

開禧復泗州赦

開禧二年六月十七日都省劄子：

泗州官吏軍民耆壽等，眷言泗上，實屏淮堧，自污腥羶，多歷年所。境土雖鄰於王化，版圖未入於職方。中夜以興，曷副望霓之意；當饋而歎，敢忘嘗膽之憂。爲爾遺黎，鞠我征旅，貔貅奮勵，虵豕震驚，金鼓一臨，城池自潰。載念耄倪之衆，久罹塗炭之災，淫刑動極於參夷，重賦殆逾於箕斂。可無恩霈，用慰瘡殘。

應泗州見禁罪人，除犯劫、謀、故、鬬已殺依法，餘雜犯死罪以下並放。

應本州民間合納租税，可與放免三年。

應本州民户，並特與賑給一次，合用錢米，申宣撫司支破。

應本州居民屋宇曾經焚毁者，官爲日下修蓋，内無己屋人，那撥官舍應副安泊，毋令暴露。

應本州居民遺下屋業田土，限一季許元主召保識指實給還，限滿無人識認，仰本州出榜召人承佃。

勘會今來本州歸正歸附等人，曾授僞命，賫到付身，並令有司依格换給，更與轉官，已换給者，與添差差遣。若人材卓異，委堪任使，即仰守臣具名實來上，當議旌擢。

應本州屯守官兵等人，並特與犒設一次。

應本州父老，令長吏致問，優給錢酒。年九十以上者給賜束帛，百歲以上特與官封，婦人與封號。

應本州神祠感應者，仰守臣日下契勘，具靈驗事跡申宣撫司，備申三省、樞密院，特與初封。已封爵者，更與加封。内廟宇損壞，如法修葺，仍嚴潔致祭。

應本州内忠臣義士，並與表式墳墓。

於戲！天地之德曰生，肆亟覃於仁澤。室家之民相慶，幸復見於華風。尚肩忠義之誠，庸迓安居之樂。故兹詔示，想宜知悉。

珂謹按，祖宗朝每有武功恢拓之事，必曲赦其境，罪無輕重咸除之，如乾德三年正月二十四日平西川之制是也。降德音，遍減天下死刑，釋餘罪，如建隆元年六月二十三日平潞州之制是也。雖降德音，止于其境，罪無輕重咸如大赦之例，如太平興國三年五月一日復泉州之制是也。降德音于江西、湖南兩路，除十惡、四殺、放火、造僞、犯贓外，雜死罪降流，餘遞減等，釋徒罪，如皇祐五年二月十六日平儂智高之制是也。降大赦于天下，罪無輕重咸除之，如宣和六年八月十八日收復燕雲之制是也。雖降曲赦于一境，猶除十惡、四殺、放火、造僞、犯贓外，鬬殺情輕減等，餘並釋之，如崇寧二年正月二十五日平荆湖南、北路傜賊之諭是也。紹興復海州，降赦用乾德之例，隆興平廣西，德音同皇祐之法。或釋徒，或釋杖，要無大異。開禧三年三月二十六日，逆曦底戮，亦用曲赦。惟此年之制，不以赦，不以德音，首尾如赦文，而惟用都省劄子，後仍以「詔示」結尾詞，又自雜犯死罪已下並放，古今無此式也。

宫禁進見

漢時宫禁與外間無大别異，樊噲排闥而入，吕后跪謝周昌，袁盎卻慎夫人之坐〔六〕，皆以爲常。至唐亦然，「户外昭容紫袖垂，雙瞻御坐引朝儀」之句，見於杜甫之詩。韓偓金鑾密記亦得見趙夫人之屬，蓋習見如此。

國朝家法最爲嚴備，群臣雖肺腑，無得進見宫禁者。珂嘗考王稱東都事略曹佾傳曰：「神宗一日敕中使召佾，見於便殿，與同至慶壽宫，慈聖愕然，遽止之曰：『外戚自來未有輒入禁掖者，安可以我開其端？』神宗曰：『聊以慰骨肉之情，他人固不可也。』時左右已預辦宴具〔七〕，神宗親捧觴，慈聖自酌酒以授佾，佾跪飲之，次則鈞天盛奏。丙夜酩酊而罷，以御前紅燭送歸。佾愛姬慧夫人者迎門，謂曰：『王何所之而遲留至此耶？』佾曰：『吾到天上來耳！』慈聖崩，既免喪，佾請郡，神宗曰：『時見舅，如面慶壽宫，奈何欲遠朕？』得非待遇有不至乎？』神宗嘗謂大臣曰〔八〕：『曹王雖以近親貴，然端謹寡過，善自保，實純臣也〔九〕。』」是時，蓋慶壽享天下養，神宗先意承志，極其順事，而後有此，自崇觀以後頗不然。雖曰親親，要非故事也。

刊進書載表卷首

今世進書，如敕局、史館，每一修進，必載表文于卷帙之首，士夫家有著述進御亦如之。珂嘗考其制，蓋自元魏時已有此比。按高峻小史崔鴻傳曰：「鴻弱冠便有著述之志，見晉魏前史，皆成一家，無所措意，以劉淵、石勒、慕容儁、苻健、慕容垂、姚萇、慕容德、赫連勃勃〔一〇〕、張軌、李雄、呂光、乞伏國仁、禿髮烏孤、李暠、沮渠蒙遜、馮跋等，並因世故，跨僭一方，各有國書，未有統一，鴻乃撰爲十六國春秋，勒成一百二十卷，因其舊記，時有增損褒貶焉。鴻二世仕江左，故不録僭晉、劉、蕭之書，又恐識者責之，未敢出行於外。世宗聞其撰録，遣散騎常侍趙邕詔鴻曰：『聞卿撰定諸史，甚有條貫，便可隨成者送呈。朕當於機事之暇覽之。』鴻以其書有與國初相涉，言多失體，且既未就，乞不奏聞。鴻後典起居，乃妄載其表於卷首，正光以前，不敢顯行其書。自後以其伯光貴重當朝，知時人未能發明其事，乃頗相傳讀〔一一〕，亦以光故，執事者遂不論之。」然則其來尚矣。

金銀牌

洪文敏邁容齋三筆曰：「金國每遣使出外，貴者佩金牌，次者佩銀牌，俗呼爲金牌、銀牌郎君。北人以爲契丹時如此，牌上若篆字六七，或云阿骨打花押也，殊不知此本中國之制。五代以來，庶事草創，凡乘置奉使於外，但給樞密院牒。國朝太平興國三年，因李飛雄矯乘廐馬，詐稱使者，欲作亂，既捕誅之，乃詔自今乘驛者皆給銀牌，國史云『始復舊制』，然則非起於虜也。端拱二年復詔：『先是馳驛使臣給篆書銀牌，自今宜罷之，復給樞密院牒。』」

珂按，三朝國史輿服志曰：「銀牌，唐制，差發驛遣使則門下省給傳符，以通天下之信。皇朝符券皆樞密院主之，舊有銀牌以給乘驛者，闊一寸半，長五寸，面刻隸字曰『敕走馬銀牌』，凡五字。首爲竅，貫以韋帶〔一二〕，其後罷之，樞密院給券，謂之頭子。太平興國三年李飛雄詐乘驛謀亂伏誅，罷樞密院券，別制新牌，闊二寸半，長六寸，易以八分書，上鈒二飛鳳，下鈒二麒麟，兩邊年月，貫以紅絲條。端拱中，使臣護邊兵，多遺失之者，又罷銀牌，復給樞密院頭子。」

然則所謂舊制者，唐制也。考之唐六典，門下省符寶郎之掌：「二曰傳符，所以給郵驛，通制命」，而注其下曰：「兩京留守及諸州若行軍所，並給傳符。諸應給魚符及傳符者，皆長官執。其長官若被告謀反、大逆，其魚符付以次官，無次官，付受告之司。」而「傳符之制，太子監國曰雙龍之符，左、右各十；京都留守曰麟符，左二十，其右一十有九；東方曰青龍之符，西方曰騶虞之符，南方曰朱雀之符，北方曰玄武之符，左四右三。」又注其下曰：「左者進内，右者付外應執符人。其兩京留守符並進内；若車駕巡幸，留右符付留守人。」歷考其事，皆無以銀爲牌之制，豈沿襲至季世，不復分左右符，以從簡便耶？鳳麟之象，是亦雙龍、四獸之遺規也。蔡絛鐵圍山叢談曰：「政和以後，道家者流始盛，群羽士因援江南故事，林靈素等多賜號『金門羽客』，道士、居士者必賜以塗金銀牌〔一三〕，上有天篆，咸使佩之，以爲外飾；被寵異，則又得金牌焉。及後女真亂華，群酋長皆佩金牌爲號，始寤前兆之不祥。」蓋此又一時崇尚異教之制，非前比云。

古今祠厲

古有七祀，於前帝王、諸侯、卿、大夫之無後者，皆致祭焉，謂之泰厲、公厲、族厲，今絶無舉行者。故此等無依之厲，勢或出於依附淫祠，殆無足怪。禮記祭法鄭氏注，漢時民家皆秋祠厲，蓋此祀又達於民也，於古加嚴矣。鄭注又云，民祠厲而託之曰山，蓋惡言厲，巫祝取厲山氏之名，去厲爲山。且引春秋良霄事，謂厲山有子曰柱，證時巫之謬。珂按，巫誠謬矣，然謂厲爲山，要非如此大訛，意必祀山氏，特去一字不馴者耳。巫祝下流，去古未遠，尚知有厲山氏，今世謂夏禹爲行雨之神，謂小孤爲婦人之神，皆安行而不以爲誤。是巫又烏知厲山？

校勘記

〔一〕龍圖天章寶文閣樞密直學士龍圖天章寶文閣直學士　宋會要輯稿輿服五之二八無「龍圖天章寶文閣直學士」十字，疑衍。

〔二〕觀文殿大學士以上　「觀文殿大學士」六字原作「觀文殿學士」，據長編卷三二二元豐五年正月辛亥條、宋史卷一五三輿服志五改。

〔三〕止以四銙出視吾　「止」字原作「上」，「銙」字原作「胯」，據鐵圍山叢談卷六改。

〔四〕又其文作醉拂菻人皆突起　「醉拂菻人皆突起」七字鐵圍山叢談卷六作「醉拂林狀拂林人皆笑起」。

〔五〕且往時諸帶方銙不大　「銙」字原作「胯」，「大」原作「若」，據鐵圍山叢談卷六改。

〔六〕袁盎卻慎夫人之坐　「慎」字原作「謹」，避宋孝宗趙昚諱，今回改。

〔七〕時左右已預辦宴具　「辦」字原作「辨」，據東都事略卷一一九曹佾傳改。

〔八〕神宗嘗謂大臣曰　「大臣」二字原作「人臣」，據東都事略卷一一九曹佾傳改。

〔九〕實純臣也　「純臣」二字原作「人臣」，據東都事略卷一一九曹佾傳改。

〔一〇〕赫連勃勃　下「勃」字原闕，據學海本補。

〔一一〕乃頗相傳讀　「讀」字原作「續」，據魏書卷六七崔鴻傳改。

〔一二〕貫以韋帶　「貫」字原作「實」，據文獻通考卷一一五王禮考十、宋史卷一五四輿服志六改。

〔一三〕道士居士者必賜以塗金銀牌　「居士」二字原作「居上」，據鐵圍山叢談卷三改。

愧郯録卷第十三　十則

指南記里鼓車

國朝大駕之制：指南車，一曰司南車，赤質，兩箱畫青龍、白虎，四面畫花鳥，重臺，勾欄，鏤拱，四角垂香囊。上有仙人，車雖轉而手常南指。一轅，鳳首，駕四馬。駕士舊十八人，雍熙四年，增爲三十人，服繡孔雀。記里鼓車〔一〕，一名大章車，赤質，四面畫花鳥，重臺，勾欄，鏤拱。行一里，則上層木人擊鼓，十里，則次層木人擊鐲〔二〕。一轅，鳳首，駕四馬。駕士舊十八人，雍熙四年，增爲三十人，服繡對鵝。

珂按二車，指南則始於天聖五年十一月壬寅，定王府記室參軍、工部郎中、直昭文館燕肅創意，始上其制。其車用獨轅，車箱外籠上有重構〔三〕，立木仙人於上，引臂南指。用大小輪九隻，合齒百二十。脚輪二隻，高六尺，圍一丈八尺。附脚立子輪二隻，徑二尺四寸，圍七尺二寸，出齒各二十四，齒間相去三寸。轅端横木下，立小輪二隻，徑三寸，鐵軸貫之。左小平輪一隻，徑一尺二寸，出齒十二，右小平輪一隻，徑一尺二寸，出齒十二。中心大平輪一隻，徑四尺八寸，圍一丈四尺四寸，出齒四十八，齒間相去三寸。中立貫心軸一條，高八尺，徑三寸。上戴木仙人，其車行，木人南指。若折而東，推轅右旋，附右脚子輪順轉十二齒，擊右小平輪一匝，觸中心大平輪左旋四分之一〔四〕，轉十二齒，車東行，木人交而南指。若折而西，推輪左旋，附左脚子輪隨輪順轉十二齒，擊左小平輪一匝，觸中心大平輪右轉四分之一〔五〕，轉十二齒，車正西行，木人交而南指。若欲比行，或東、西，轉亦如之。

是時，入内内侍省内侍殿頭盧道隆亦上記里鼓車之制〔六〕。其車亦獨轅雙輪，箱上爲兩層，各安木人，手執木槌。脚輪各徑六尺，圍一丈八尺。脚輪一周而行地三步。古法六尺爲步，三百步爲里，今法五尺爲步，三百六十步爲里。立輪一隻，附於左脚，徑一尺三寸八分〔七〕，圍四尺一寸四分，出齒十八，齒間相去二寸三分。下平輪一隻，徑四尺一寸四分，圍一丈二尺四寸二分，出齒五十四，齒間相去與附立輪同。立貫心軸一條，上安銅旋風輪一枚，出齒三，齒間相去一寸二分。中立平輪一隻，徑四尺，圍一丈二尺，出齒百，齒間相去與旋風等。次安小平輪一隻，徑三寸少半寸，圍一尺，出齒十，齒間相去一寸。平輪一隻，徑三尺少半尺，圍一丈，出齒百，齒間相去與小平輪同。其中平輪轉一周，車行一里，下一層木人擊鼓，上平輪轉一周，車行十里，上層木人擊鐲。都用大小輪八隻，共二百八十五齒，遞相鈎鎖，犬牙相制，周而復始。詔皆以其法下有司製之。如是，則皆有其制度，藏之有司矣。

祐陵稽古，大觀元年，内侍吴德仁又獻二車之制〔八〕。其指南車身一丈一尺一寸五分，闊九尺五寸，深一丈九寸，車輪直徑五尺七寸，車轅一丈五寸。車箱上下爲兩層，中設屏風，上安仙人一，執杖，左右龜、鶴各一，童子四，各執纓立四角，上設闌楯。卧輪一十三，各徑一尺八寸五分，圍五尺五寸五分，出齒三十二，齒間相去一寸八分。中心輪軸隨屏風貫下，下有輪一十三，中至大平輪。其輪徑三尺八寸，圍一丈一尺四寸，出齒一百，齒間相去一寸二分五釐，通上左右起落。二小平輪，各有鐵墜子一，皆徑一尺一寸，圍三尺三寸，出齒一十七，齒間相去一寸九分。又左右附輪各一，徑一尺五寸五分，圍四尺六寸五分，出齒二十四，齒間相去二寸一分。左右疊輪各二，下輪各徑二尺一寸〔九〕，圍六尺三寸，出齒三十二，齒間相去二寸一分，上輪各徑一尺二寸，圍三尺六寸，出齒三十二，齒間相去一寸一分。左右車脚上各立輪一，徑二尺二寸，圍六尺六寸，出齒三十二，齒間相去二寸二分五釐，左右後轅各小輪一，無齒，繫竹簟，并索在左右軸上。遇右轉，使右轅小軸觸落右輪；若左轉，使左轅小輪觸落左輪。行，仙童交而指南。車成。

記里鼓車，車箱上下爲兩層，上安木人二身，各手執木槌，輪軸共四。内左壁車脚上立輪一，安車箱内，徑二尺二寸五分，圍六尺七寸五分，二十齒，齒間相去三寸三分五釐。又平輪一，徑四尺六寸五分，圍一丈三尺九寸五分，出齒六十，齒間相去二寸四分。上大平輪一，通軸貫上，徑三尺八寸，圍一丈一尺，出齒一百，齒間相去一寸二分。立軸一，徑二寸二分，圍六寸六分，出齒三，齒間相去二寸二分，外大平輪軸上，有鐵撥子二。又木横軸上，關楔、撥子各一。其車脚轉一百遭，通輪軸轉周，木人各一，俱在手擊鉦、鼓。造二車成，其年宗祀始用之。然則又與燕肅、盧道隆之法不同。

仁宗實録載肅之表曰：「黄帝與蚩尤戰於涿鹿之野，蚩尤起大霧，將士不知所向，帝遂作指南車。又周成王時，越裳氏重譯來獻，使者或失道，周公賜軿車以指南。其後法俱亡。漢張衡、魏馬鈞繼作之，屬世亂離，其器不存。宋武帝平長安，嘗爲此車，而制不精，祖沖之亦復造之。後魏太武帝使郭善明造，彌年不就，又命扶風馬岳造，垂成，而爲善明鴆死，其法遂絶。唐元和中，典作官金公立以其車及記里鼓上之，憲宗閲於麟德殿，以備法駕。歷五代至國朝，不聞得其制者，今創意成之，然則古今之爲此者亦艱矣，今二法具在，要當參取試造，而後見其孰精。」顧中興以來未皇禮文，猶在弗議，重可惜已。肅表不詳沖之之所用。考之南史，宋武平關中，蓋嘗得姚興指南車，有外形而無機杼，每行，使人於内轉之。昇明中，齊高帝輔政，使沖之追修古法。乃改造銅機，圓轉不窮，而司方如一，史謂馬鈞以來未之有也。詳稽前制，鼓之記里，容可以輪輻度數計，指南則内外泮然，不相爲謀。肅之所爲，或須人力，德仁以鐵爲墜，似復稍精，銅機以圓，恐但可施之平陸，黄序創物，蓋用之軍旅，殆未必如此也。

京師木工

今世郡縣官府營繕創締，募匠庀役，凡木工率計在市之樸斲規矩者，雖居楔之技無能逃。平日皆籍其姓名，鱗差以俟命，謂之當行。間有幸而脱，則其儕相與訟，挽之不置，蓋不出不止也，謂之糾差。其入役也，苟簡鈍拙務，閟其技巧，使人之不己知，務夸其工料，使人之不願爲，而亟其斥且畢，謂之官作。

珂嘗疑祖宗承平時，愛民惠工以阜都邑，當未必如此。及考之典故，有意存而可見者，於是始有以信臆度之不誣，表之以示陳古風今之義焉。李文簡燾續通鑑長編：「元祐七年正月辛卯，禮部侍郎范祖禹言：『工部乞遷開封府於舊南省。夫土木之功，使匠人度之，無不言費省而易可了，及其作之，便見費大。臣恐枉勞人力，虚費國用。』」珂謂此乃今私家通患，而官府則反是。味此奏之言，則知當時雇直優厚無刊除，而後致匠者之樂役，方且隱欺以求用之不暇，其不假滕口以蔓引推托也決矣。先朝官吏律己之廉，持論之厚，又於此乎見之，故不以其事之微而遂略之也。

國忌設齋

祖宗以景靈爲原廟，每國忌用時王禮，集緇黄以薦時思焉。珂簿正大農日，嘗隨班行香。清晨，宰執率百官入班，定緇黄、鍾磬、螺鈸如法，僧職宣疏，齋僧、道各二十五員，以爲常制。

珂按續通典，在唐已有之。高祖五月六日忌，勝業、會昌各設五百齋；太穆皇后竇氏五月二十一日忌，興福寺、興唐觀各二百五十人齋；太宗五月二十一日忌，青龍、經行寺各五百人齋；文德皇后長孫氏六月二十一日忌，慈恩、温國寺各二百五十人齋；睿宗六月二十日忌，安國、西明寺各三百人齋；昭成皇后竇氏十一月二日忌，慈恩寺、昭成觀各三百人齋；玄宗四月五日忌，千福寺、開元觀各設三百人齋；元獻皇后楊氏三月二十三日忌，資聖、化度寺各二百人齋；肅宗四月十八日忌，崇聖寺、昊天觀各設三百人齋；章敬皇后吴氏正月二十二日忌，章敬寺、元都觀各設三百人齋；代宗五月二十一日忌，聖興、惠日寺各設五百人齋；睿真皇后沈氏十月二日忌，總持寺、肅明觀各設二百五十人齋；德宗正月二十三日忌，莊嚴寺、光天觀各設五百人齋；昭德皇后王氏十一月十一日忌，福壽寺、玄真觀各設五百人齋〔一〇〕。然則唐制固甚侈，今幾止二十之一。祖宗威神在天，要無取乎此，姑惟示存羊之意可也。然祝唄之詞，頌臺每付之常程，不復刊定，如「文武官僚禄位常居」等語，要於宗廟非所宜言，亦鄙於俚云。

皇祐差牒

今世中臺給黄牒之制，前必曰「尚書省牒某官」，而右語則曰「差充某職，替某官成資闕」。珂嘗得皇祐五年十二月敕牒一，其詞曰：「中書門下牒光禄寺丞錢中立：牒奉敕，宜差知處州贛縣事〔一一〕，替阮士龍過滿闕，候到交割縣務諸般公事，一一點檢，依例施行。牒至准敕。故牒。」

珂謹按，祖宗朝造命之地，本曰中書門下，制敕院在焉。自元豐分三省，中書取旨，門下省審，尚書奉行，而其職始分。故熙寧以前，士大夫所被受堂帖，多是中書省劄子，而官制後始歸之尚書，非沿襲之誤也，如「候到交割點檢」數語，祖宗之重民事、謹職守，不厭於詳且複，蓋於此有稽焉。

紹興儲議

大父鄂王飛，紹興十年出師北征，密疏建儲議。高宗賜御札有曰：「覽卿親書奏，深用歎嘉，非忱誠忠讜，則言不及此。」今宸章藏于家，可考而見。一時，張戒作默記，誤載於七年，而有衝風吹紙之謗。珂所上籲天辨誣一書，固首辨之矣。

然或者以爲動舊握兵在外，不當與大計，故足以致媢忌，珂謂不然。謹按漢武帝三王之封，霍去病實發其議。史記載其奏疏曰：「陛下過聽，使臣去病待罪行間。宜專邊塞之思慮，暴骸中野無以報，乃敢惟他議以干用事者，誠見陛下憂勞天下，哀憐百姓以自忘，虧膳貶樂，損郎員。皇子賴天，能勝衣趨拜，至今無號位師傅官。陛下恭讓不恤，群臣私望，不敢越職而言。臣竊不勝犬馬心〔一二〕，昧死願陛下詔有司，因盛夏吉時，定皇子位，唯願陛下幸察。」制曰：「下御史。」唐李晟在鳳翔亦嘗曰：「魏徵以直言致太宗堯舜上〔一三〕，真忠臣也。」行軍司馬李叔度曰：「彼搢紳儒者事。公勳德，何希是？」晟曰：「君失辭，晟幸得備將相，苟容身不言，豈可謂有犯無隱耶？是非惟上所擇爾。」叔度慙。此最明證。去病是時蓋爲驃騎將軍，以功益置大司馬，與大將軍衛青並爲之。晟節度鳳翔、隴右、涇原軍，兼行營副元帥，皆正握兵云。

遂國記誤

王明清揮麈後録曰：「官制未改時，知制誥今之中書舍人，但演詞而已，不聞繳駁也。康定二年，富文忠爲知制誥。先是，昭陵聘后，蜀中有王氏女，姿色冠世，入京備選。章獻一見以爲妖豔太甚，恐不利於少主〔一四〕，乃以嫁其姪從德，而擇郭后位中宫，上終不樂之。王氏之父蒙正，由劉氏媚黨，屢典名藩。未幾從德卒，至是中批王氏封遂國夫人，許入禁中。文忠適當草制，封還抗章甚力，遂併寢其旨。外制繳詞頭，蓋自此始。」

珂按國朝會要：「景祐四年二月七日，洪州别駕王蒙正特除名，廣南編管，永不叙用。蒙正女，劉從德妻，今後不令入内；兒女見與皇族爲婚者，除已成結，更不得爲親。」如明清之言，遂國者，固上所屬意。蒙正所坐，止以私通父婢，前任受楊澄吉金，故入温嗣良流罪，作福之柄，容有所未減也。當時司理劉涣、主簿郭照爲從〔一五〕，各勒停、衝替。雷霆之威嚴如此，乃有是哉。景祐在康定之前，王氏已有不令入内之旨，蒙正官止别駕，未聞典藩。明清所記，恐或有誤。國史富文忠弼傳初無此一節，奏議亦不編此疏，蘇文忠軾所作墓誌又不書，惟李文簡燾通鑑長編載其事，引别志爲據，又不得其時。考明清所刻李賢良匽帖，嘗欲明清注龍山税官與史事，其得之明清無疑。别志雖未詳，或緣歲月久，復封邑之故而封還，遂致傳疑云。表之以章昭陵之聖德。

武定軍

嘉定戊辰，詔改雄淮軍爲武定。珂按此名有二不可：五代史晉開運元年三月癸巳，籍民爲武定軍，是嘗爲複名，不可一也；真宗廟謚曰武定，僞蜀嘗以洋州爲武定軍節度，景祐四年四月，詔以犯廟謚，改爲武康軍矣，不可二也。立軍經武，爲一代之制，而襲季世之號，瀆宗廟之制，在今日所當亟正焉。

金版

今郊祀天地、祖宗，正配位皆有金版書神位，以金飾木爲之，如匣之制，稍高博，且表以青字。珂按典故，政和六年六月甲戌，宣和殿學士、禮制局詳議官蔡攸言：「臣昨受睿旨，討論位版之制。退考太史局所掌見用位版，皆無所稽據。謹按周官有『鬼神示之居』，則知凡祀未嘗無位，『旅上帝，供金版』，則知凡位未嘗無版，唯長短、廣狹、厚薄之數不見於書。恭考禮文，傅以經誼，伏請昊天上帝位版長三尺，取參天之數；厚九寸，取乾元用九之數；廣一尺二寸，取天之備數；書徽號以蒼色，取蒼璧之義。皇地祇位版長二尺，取兩地之數；厚六寸，取坤元用六之數；廣一尺，取地之成數；書徽號以黃色，取黃琮之義。仍取周官之制，皆以金爲之飾。又案春秋公羊，周之郊祭社稷，『王者必立祖配也。自内出者，無匹不行，自外至者，無主不止』。而何休以謂：『匹，合也，無所會合，則不行，得主人乃止。』蓋郊所以明天之道也，而天道未易明，宜推人道以接之，詩序所以謂尊祖后稷，故推以配天者如此。其配位位版，在冬祀則宜與昊天上帝同制，在夏祭則宜與皇地祇同制，以稱尊祖以配天地之義。」詔從之。攸之議固無取，然觀政和禮制，似與今不同，稽經諏律，必有所折衷而後可也。

薦饗太廟

南北郊、祈穀、雩祀、神州、禖祠，以宰執充，密院官亦輪攝事；宗廟四時薦饗，以宗室、使相充，否則以正任，蓋中興以來定制。珂按李文簡燾續通鑑長編：「景祐四年四月乙丑，新知樞密院事盛度言：『奉敕孟夏薦饗太廟，已受戒誓，而有除命。故事，樞密不差攝行祠事。』詔以后廟攝太尉趙賀代之。」夫以密院則不與祭，以宗廟則差外姓官，皆與今日異〔一六〕，而不復考所以然，何也？

冷端甲

楊大監簡在戎監，嘗得諸李尉府顯忠之族子，謂甲不經火，冷砧則勁，可禦矢，謂之冷端，遂言於朝，乞下軍器所製造。時顯忠之子師尹爲知閤門事，寔領是官，力辨其不然，文移互往復，其實工人憚勞費耳，時雖知其强辨，而無以折之。珂按李文簡燾續通鑑長編，慶曆元年五月甲戌，太常丞、直集賢院、簽書陝西經略安撫判官田況上兵策十四事。其十二曰：「工作器用，中國之所長，非夷狄可及。今賊甲皆冷鍛而成，堅滑光瑩，非勁弩可入。自京齎去衣甲皆軟，不足當矢石。以朝廷之事力，中國之伎巧，乃不如一小羌乎？由彼專而精，我漫而略故也。今請下逐處，悉令工匠冷砧，打造純剛甲，旋發赴緣邊，先用八九斗力弓試射，以觀透箚深淺而賞罰之。聞太祖朝舊甲絶爲精好，但歲久斷綻，乞且穿貫三五萬聯，均給四路，亦足以禦敵也。」然則此甲在祖宗朝已有之。時珂以憂去國，恨不以所聞佐其説，故迄今猶不能革其制焉。

校勘記

〔一〕記里鼓車 「里」字原作「地」，據下文「盧道隆亦上記里鼓車之制」、「記里鼓車車箱上下爲兩層」及宋史卷一四九輿服志一、太常因革禮卷二二輿服二、文獻通考卷一一七王禮考十二改。

〔二〕則次層木人擊鐲　「鐲」字底本作「鍋」，據知不足齋本及宋史卷一四九輿服志一、太常因革禮卷二二輿服二、文獻通考卷一一七王禮考十二改。

〔三〕車箱外籠上有重構　「構」字原作「高宗廟諱」，今回改。

〔四〕觸中心大平輪左旋四分之一　「左」字原作「右」，據宋史卷一四九輿服志一、太常因革禮卷二二輿服二、文獻通考卷一一七王禮考十二改。

〔五〕觸中心大平輪右轉四分之一　「右轉」二字原脱，據宋史卷一四九輿服志一、太常因革禮卷二二輿服二、文獻通考卷一一七王禮考十二補。

〔六〕入内内侍省内侍殿頭盧道隆亦上記里鼓車之制　「車」字原脱，據宋史卷一四九輿服志一、文獻通考卷一一七王禮考十二補。

〔七〕徑一尺三寸八分　「八」字原作「三」，據宋史卷一四九輿服志一、太常因革禮卷二二輿服二、文獻通考卷一一七王禮考十二改。

〔八〕内侍吴德仁又獻二車之制　「仁」字原作「隆」，據宋史卷一四九輿服志一、文獻通考卷一一七王禮考十二、玉海卷七九車服改。下同。

〔九〕下輪各徑二尺一寸　「二」字原作「三」，據宋史卷一四九輿服志一、文獻通考卷一一七王禮考十二改。

〔一〇〕福壽寺玄真觀各設五百人齋　「玄」字原作「元」，避宋聖祖趙玄朗諱，今回改。

〔一一〕宜差知處州贛縣事　據宋史卷八八地理志四，贛縣不屬處州，乃虔州屬縣，故知「處州」乃「虔州」之誤。

〔一二〕臣竊不勝犬馬心　「心」字底本漫漶，他本闕，據史記卷六〇三王世家補。

〔一三〕魏徵以直言致太宗堯舜上　「徵」字原作「證」，避宋仁宗趙禎嫌名，今回改。

〔一四〕恐不利於少主　「主」字底本、再造善本作「王」，據知不足齋本、揮麈後録卷二改。

〔一五〕主簿郭照爲從　「主」字諸本皆無，據宋會要輯稿刑法六之一五補。又「郭照」，宋會要輯稿刑法六之一五作「鄭照」，未知孰是。

〔一六〕皆與今日異　「今」字底本漫漶，再造善本作「祭」，知不足齋本作「今」，明刊本闕。詳前後文意，「今」字更通，據知不足齋本補。

愧郯録卷第十四 七則

九閣

熙陵篤意右文，篇章翰墨，敻出前代帝王之右。真皇繼統，首闢龍圖閣以嚴毖藏，此本朝西清列閣之權輿也。閣在會慶殿西偏，北連禁中，閣東曰資政殿，西曰述古殿，閣上藏太宗御製御書及典籍、圖畫、寶瑞之物，内侍三人掌之。太宗御製御書、文集總五千一百一十五卷軸册，又有御書紈扇數十。其下列六閣：經典閣三千三百四十一卷，史傳閣七千二百五十八卷，子書閣八千四百八十九卷，文集閣七千一百八卷，天文閣二千五百六十一卷，圖畫總七百三軸卷册，瑞總閣奇瑞二十三，瑞木十六，衆瑞百一十三，雜寶百九十五。觀其初制，既列經史，又儲奇物，亦非專以奉奎畫，然犧河觀瑞，圖書爲首，命名之意，概可理推矣。閣初建既無歲月，咸平四年十一月始御是閣，召近臣觀太宗御書及古今名畫，閣之名始見于國史。自是多召群公觀書。嘗語近臣曰：「先帝留意詞翰，朕孜孜綴緝，片幅寸紙，不敢失墜。因念古今圖籍多所散逸，購求甚難。朕在東宫時，惟以聚書爲急，多方購求，亦甚有所得，王繼英備見其事。今已類成正本，除三館、秘閣所藏外，又於後苑及龍圖閣並留正本各及三萬餘卷。朕以深資政理，莫如經術，故機務之暇，惟以觀書爲樂焉。」原其初制，未嘗下詔建名如今日也。

景德元年十月，以虞部郎中、直秘閣杜鎬爲都官郎中，太常丞、秘閣校理戚綸右正言，並依舊充職，充龍圖閣待制。四年八月，以司封郎中、直秘閣、龍圖閣待制杜鎬爲右諫議大夫、龍圖閣直學士〔一〕。因詔直學士班在樞密直學士之下，仍少退，待制在知制誥之下，並赴内殿起居。三年七月，以龍圖閣直學士杜鎬爲本閣學士〔二〕，班在樞密直學士之上，俸給如之。九年十月，以大理評事、崇文院檢討馮元爲太子中允、直龍圖閣，賜金紫，令預内殿起居，班在本官之首。是先置待制，次置直學士，又其次置學士，末乃置直閣，未嘗並建官稱如今日也。

天禧四年，真皇尚御天下，十一月甲戌，作天章閣。五年三月戊戌，天章閣成，令兩街僧道具威儀，教坊作樂，奉御集、御書，自玉清昭應宮安于天章閣。四月，召近臣、館閣、三司、京府官觀御書、御集於閣下，遂宴于群玉殿。是時，輔臣集御製三百卷，玉京集三十卷，授時要録二十四卷，又取至道元年四月訖大中祥符歲中書樞密院時政記、史館日曆、起居注善美之事，録爲聖政記，凡一百五十卷，並命工鏤板，又以御書石本爲九十編，命中使岑守素等主其事，至是畢藏于閣。竊意神筆聖文，在當時既富籤縢，臣下歸美，誼應毖嚴，昭回之光，不厭輝映，故隨時建閣，既無文謨並列之嫌，又不失尊崇之制。所以真宗雖謙抑屢卻，亦終聽之。仁宗寶文閣舊名壽昌，亦自慶曆初已新厥號，雖未即正名，而毖藏嚴奉之意，灼然可考。又未嘗必俟因山之後，方與陵名、樂舞同時製稱謂，存一朝故事如今日也。

天章閣在會慶殿西，龍圖閣之北，藏真宗御製。閣東曰群玉殿，西曰蘂珠殿，北曰壽昌殿，東曰嘉德殿，西曰延康殿，内以桃花文石爲流杯之所。寶文閣在天章閣東，西序群玉、蘂珠殿次之北。顯謨閣位置雖不見於書，而元符元年二月十八日，知樞密院事曾布言：「恭惟神宗皇帝聖學高明，出於天縱，中外之議，謂宜卜日相地，建延閣，爲一代圖書之府。」又權發遣提舉河東路常平等事鄧洵仁言：「伏見祖宗朝置龍圖、天章、寶文閣，以藏列聖御製述作，況自陛下紹隆丕烈，遹明先志，而寶宇未新，徽名未揭。伏望明詔有司，祇循舊章，亟加營建。」詔令翰林學士、中書舍人每員撰閣名五以聞。考其所陳，如所謂「卜日相地」，如所謂「亟加營建」，要必有其所。崇寧三年六月一日詔：「熙寧、元豐功臣圖形顯謨閣，既設繪事，尤足以章邃宇之高明。」徽猷設層宇在大觀間，是時百度鼎新，必非虚名，詔書亦明言建閣之意，是皆有是書、有是閣。書必有閣，閣必有地，亦未嘗止揭名稱以循祖宗之舊，備一代典禮如今日也。

還考天聖八年十月，詔特置天章閣待制，是先已有閣，因設官而下詔。嘉祐八年八月十二日，詔以仁宗御書藏寶文閣，命翰林學士王珪撰記立石。是先已有閣，因藏書而下詔。惟大觀二年二月十三日，詔哲宗皇帝御書建閣以徽猷爲名，此正下詔建名之始。治平之建寶文，置官止於學士、直學士、待制。政和六年九月十七日，始詔增置直閣。大觀之建徽猷，置官亦止於學士、直學士、待制，亦以政和六年九月十七日，始詔增置直閣。惟紹興十年五月十一日，詔徽宗皇帝御書建閣以敷文爲名，乃備四官於一時。詔書著于令，此正並建官稱之始。

寶文以前，皆先建閣、後藏書。神宗因山於元豐之八年，歷十有三年至元符元年四月十八日，而顯謨之閣始建。哲宗因山於元符三年，歷八年至大觀二年二月十三日，而徽猷閣始建。徽宗訃報於紹興七年，歷三年至紹興十年五月十一日，而敷文閣始建。惟高宗以淳熙十五年十月八日上仙，而是年十一月九日，即詔建煥章閣，備官制。故華文、寶謨遂皆以爲故常。

祖宗建閣，皆有其所，可考而見。惟建炎中興，稽古未皇，宮殿之制，皆存簡朴。故西清諸閣，所存者名耳。炎興日曆紹興二十四年九月乙亥：「禮部狀：『准敕，令討論天章閣制度。尋將國朝會要檢照得即不該載外，緣目今天章等閣止是諸殿。今欲乞置天章等閣一所，將諸閣御書、御集、圖籍等分作諸閣安奉，候旨揮下日，從本部關報都大主管所、修内司，天章閣官同禮部、太常寺，前去本閣内隨宜相度修建去處并制度，申取朝廷旨揮。』有旨依禮部所申，令臨安府、修内司同共修蓋。」蓋是時已有龍圖而下六閣，未能備禮，姑即一所，以寓不忘。故迨今九閣遂皆以爲定比。然則是四者要非祖宗初制，隨時損益，至于今而大備。然當萬壽時不得崇奉奎章，且有名無閣，姑以備官稱，未詳而本未舉，名繁而實不稱，亦沿襲之失也。

按天章閣又有侍講一官，景祐四年三月甲戌詔，初置以崇政殿説書賈昌朝、王宗道、趙希言並爲之，比直龍圖閣，預内殿起居，班本官上。以後不常置，它閣亦不復以爲故事云。

天章閣侍講班次

天章閣侍講既不再置，今世考典故者多疑其在待制之次，而非直閣之比。以珂考之則不然。按會要：「慶曆四年三月，以尚書金部員外郎、天章閣侍講楊安國爲直龍圖閣，賜三品服。宗正丞、崇文院檢討、崇政殿説書趙師民爲天章閣侍講，賜五品服。皇祐三年八月十二日，知制誥兼侍講王洙言：『景祐中，詔置天章閣侍講，在本官之上，内朝班著與直龍圖閣相次，其職儀、恩例並與帶職官同。臣昨與盧士宗並充天章閣侍講日，臣以兼直龍圖閣，即得與館閣臣僚同例，其盧士宗唯赴講筵供職外，其餘三九園苑賜筵及非時宣召頒賜，並不霑預，只同不帶職人例。此蓋有司從初失於申明，恐非朝廷優待經術之意。乞自今天章閣侍講官，如不兼帶館閣職名者，並許依直龍圖閣例赴秘閣供職宿直，所冀設官典職，事體一均。』詔天章閣侍講並依館閣臣僚例宣詔頒賜。」祖宗之意，惟其以尊祖爲先，故不以官名而惟繫之於閣之次叙，其制蓋可想。自是而後，學士而下各以其班列位，而不以閣爲重輕。推是而觀，要亦非初意焉。

天章閣

中興而後，惟建天章一閣，以藏祖宗諸閣御書，見於炎興日曆紹興二十四年之詔，珂固記之矣。今行宫大内之後萬松嶺有地名舊天章閣，蓋六龍南渡之初，便有此閣寓於是間。日曆又載：「紹興十九年正月壬子，從義郎趙子嶔投進太祖御容一軸，赴天章閣收奉訖，詔令户部賜絹三十匹。」蓋先此五年，抑又可見。故是年之詔，所以專降旨討論此一閣典故，意承平時必已有所重輕矣。

及考典故，慶曆三年九月三日，召輔臣天章閣朝拜太祖、太宗御容及觀瑞物。熙寧五年九月辛亥，編排三司帳案所言：「太宗尹開封日移牒三司，有御筆見存。」詔送天章閣。元豐四年十一月二十七日，中書言録事孟述古編排諸房文字，得英宗藩邸轉官六件文字，詔送天章閣。元豐八年六月十三日，詔延安郡王閤旌節，擇日移置天章閣。崇寧元年三月丁巳，自天章閣遷哲宗神御于景靈西宮寶慶殿，又更其殿曰重光。宣和四年四月二十二日，詔天章閣崇奉祖宗神御諸色人，並不許抽差。夫西清列閣，均以奉祖宗，而天章正居其次，太宗御筆當藏龍圖，英皇告敕當附寶文，凡皆置之於是閣。神御之在禁中，自有欽先、孝思殿，縱復爲原廟，亦當在首閣。瑞物已藏龍圖，而今天章亦有之。哲宗初嗣位，藏奉藩邸旌節，當是時已有三閣，而摘取其中一閣，而特藏焉？殆皆不容俄測，豈創建有後先，制度有崇庳，特取其高明伉爽、層屋連楹之多者而即安，不復計其名耶？皆未可知也。

前乎此，對群臣率在龍圖，自慶曆而後，多開天章，仁宗之問邊事，神宗之議官制皆在焉。高宗在東都，以諸王日侍九重，故應常見此制。一時旨揮如諸色人既不許抽差，必亦備官設衛，非它閣比。扈蹕而南，隨寓奉安，固即其已然之舊而因之，非有它也。珂叨與班綴時，間自和寧門入，趍外朝則過其下，金榜焜燿，嘗獲瞻敬。每欲以慶曆而來，聖意之所特屬於是閣者，請益博聞之士，而未能焉。

其它如日曆紹興二十四年九月戊辰：「常朝，宰執進呈禮部、太常寺狀：『檢會國朝會要，真宗皇帝御集於天禧五年三月戊戌自玉清昭應宮安于天章閣。今來實録編次徽宗皇帝御集，欲乞於天章閣安奉。候指揮下日，關牒都大主管所，前期於本閣内排辦安設施行。』上曰：『可權安奉於天章閣，候修閣畢日，奏告行禮。』」蓋又不知天章本真皇閣名，安奉正得其所。若徽宗自有閣名，要不可以此爲比也。

天章閣官名

祖宗諸閣有其官而無其閣，今天下侍從、庶官列職者咸具焉，天章閣雖巋然存，而乃獨無爲學士等官者。按周文忠必大二老堂雜誌曰：「西清閣名，皆主於宸文。所謂天章閣，祖宗朝從官，人人歷學士、待制之類。紹興以前何嘗不除授？如章誼等是也。孝宗一日宣諭，奉使借官令稍新，即擬天章閣學士。同僚堅執，謂非臣下稱呼。予謂龍圖、寶文亦豈臣子事？堅不從而止。」

珂嘗考章誼，雖不曾居是官，見於行狀所載，然炎興以前，是官實無時不除，蓋不可以枚舉。及詳考後來所以避而不名之意，殆皆無説可因。及讀中興會要〔三〕，而後知事始於秦堪。乳臭小子，輕紊聖制，祖孫相蒙，襲以臆決，妄議而改百餘年之典章，深可太息。紹興二十一年三月二十七日，右宣教郎、新授直天章閣、提點佑神觀秦堪狀：「近蒙恩除前件職，欲乞敷奏，依寄理體例，以直寶文閣繫銜，庶於稱呼安便。」詔改直龍圖閣。且列閣所以尊祖宗，揆之以理，止當以其職稱，今即而稱其名，已非朝廷之制。使如堪説，則龍圖固堪之所安耶？時檜方尸位耄昏，百僚畏威，廷中要豈無知禮者？腹非而不敢議，遂使累朝官制，名公鉅儒累爲之不疑者，一旦廢而不可復，重可歎也。嘉泰甲子，黄文昌由自寶謨閣學士以臺劾降兩職，法當得天章直學士，徑降爲寶文，蓋爲職三等矣。是又沿堪之誤云。

敷文閣

紹興十年五月十一日，内降詔曰：「恭惟徽宗皇帝躬天縱之睿資，輔以日就之聖學，因而制治，修禮樂，恢學校，發揮典墳，緝熙治具。宸章奎畫，發爲號令，著在簡編者，焕乎若三辰之文，麗天垂光，賁飾群物，所以詒謀立教，作則萬世，殆與詩書相表裏。將加裒輯，崇建層閣，以嚴寶藏用，傳示於永久，其閣恭以『敷文』爲名。祇遹舊章，宜置學士、直學士、待制、直閣，以次列職，備西清之咨訪，爲儒學之華寵，其著于令。」

珂謹按典故，凡建閣降詔，必著閣之所以名，龍圖、天章、寶文乃太宗、真宗、仁宗在御時所建，固無詔書可考。而天聖八年十月，天章置待制之詔有曰：「真宗皇帝燀赫景炎，丕隆寶構〔四〕，凡資禮樂之用，積成辰象之文，俯近禁楹，創崇層閣〔五〕。」治平四年五月二十八日，寶文建官之詔亦曰：「仁祖升遐，先皇纂御，首命近列，論次遺文。鈿軸寶函，未終繙録。白雲紫氣，遽遂上賓。今告畢工，甫將安奉。」則「天章」、「寶文」四字具見于詔文矣。

建中靖國元年二月九日，改顯謨爲熙明閣，詔曰：「神宗皇帝神心經緯，聖學緝熙。百度惟新，備矣有周之庶事；四方其訓，巍乎堯帝之成功。言則爲文，昭如雲漢，寶之垂世，炳若丹青。」則「熙明」之意已章。

大觀二年二月十三日，建徽猷閣，詔曰：「哲宗皇帝英文睿武，沉潛無方，事天治人，彰善癉惡。訓迪在位，攘却四夷，號令指麾，若揭日月。蓋自親覽庶政，一話一言，罔不儀式，刑神考之典故，緝熙紹復，著在簡編，與熙寧、元豐之所行，相爲始終。在詩有之：『君子有徽猷。』其哲宗閣以『徽猷』爲名。」則「徽猷」之義尤著。

自是而下，如焕章建閣，淳熙十五年十一月九日之詔有曰：「載稽帝世之隆，無越堯章之焕。」華文建閣，慶元二年五月十五日之詔有曰：「華協堯章之焕，文光舜哲之明。」寶謨建閣，嘉泰元年十一月十二日之詔有曰：「寶列羲圖之秘，謨新禹命之承。」蔽之一言，皆可即見，坦明之制，固應如此。

還考敷文，則皆隱其義而無其辭，固已疑一時詞臣述作之未工。及考趙彦衛雲麓漫抄曰：「徽宗書閣曰敷文，取『帝乃誕敷文德，舞干羽于兩階。七旬，有苗格』，以寓譏誚。其刻薄不遜如此。」是時秦檜當國，正與珂前所書「五字定制」者同一意。反覆互考，其無君之心，蓋尤不可不誅焉。

直省官

直省官爲諸府賓贊，蓋不可闕，然頗多猥釀濫竽者。珂嘗考典故，亦有其制。元祐六年八月癸巳詔：「直省官，宰臣廳以八人、執政廳以六人爲額，不得額外增置。」夷考是時，百度修飭，示儉一意，端自朝廷，一傳而崇觀，何翅倍蓰。在今日百司率以爲仰給之地，在上者亦憐而不之汰，遂不可復裁抑矣。

藩邸旌節

光宗即位，淳熙十六年十二月三十日，詔東宫旌節一副，降付天章閣安奉。今上即位，紹熙五年閏十月九日，天章等閣狀：「將來安奉今上皇帝藩邸旌節，兩浙轉運司合行雅飾修换物件，并合用朱漆。青地金字牌二面，一面上題寫『太上皇帝藩邸旌節』，一面上題寫『今上皇帝藩邸旌節』。所有牌樣製大小，乞令兩浙轉運司委官赴閣計會合行换造物件，候畢日同時安掛。」從之。此蓋襲用元豐延安故事，然所以奉安之制，亦於此有考焉。

校勘記

〔一〕龍圖閣直學士　「直」字原脱，據宋史卷七真宗紀二景德四年八月丁巳條、長編卷六六景德四年八月丁巳條補。

〔二〕三年七月以龍圖閣直學士杜鎬爲本閣學士　據長編卷七四大中祥符三年七月己亥條：置龍圖閣學士，以直學士杜鎬爲之。知「三年七月」上脱「大中祥符」四字。

〔三〕殆皆無説可因及讀中興會要　知不足齋本、學海本作「殆皆無説珂因及讀中興會要」。

〔四〕丕隆寶構　「構」字原作「高宗廟諱」，據宋會要輯稿職官七之一一回改。

〔五〕創崇層閣　「閣」字宋會要輯稿職官七之一一、職官分紀卷一五作「構」，疑避宋高宗趙構諱改。

愧郯録卷第十五　八則

外戚贈王爵

國朝循漢非劉氏不王之制，開基而後，至於贈典，亦不輕用。昭憲以文母基命，躬享天下之養，申念外家。雖深霜露之感，而在東朝之日淺，猶未及褒表。藝祖追惟罔極，孝篤因親。開寶七年四月六日，詔贈曾祖杜蘊太保，祖遠太傅，父爽太師，追封三世祖妣劉氏、趙氏、范氏爲衛、燕、齊國夫人，當時雖欲行册命，竟亦不果。又閲再世，至于景德，乃復議加贈。三年正月十七日，詔贈蘊太傅、遠太尉、爽中書令，三夫人改封安、魏、晉三國而已。惟皇舅贈太保、寧國軍節度使審瓊贈太尉，而次舅贈中書令審進始贈京兆郡王。是秋，審瓊改葬陪陵，特贈太師、中書令，又加贈審進爲尚書令。考其贈典，每加審瓊一等，殆是以其存日之官品爲次叙，非□□杜氏恩數止於此耳。

元德皇后配食熙陵〔一〕，是生真祖，其父乾州防禦使李英、母王氏，雖奉册之後，亦未攽恤制。逮大中祥符元年五月二十一日，始詔贈英爲檢校太尉、安國軍節度使〔二〕，追封常山郡王，王氏爲魏國太夫人。蓋以帝母之貴，非常制也，然贈止一代，封止郡王。

若夫正位中宫，初贈三代，則自孝明而下皆無聞。惟章獻明肅肇建坤儀，早隆上眷，大中祥符六年六月十一日，詔贈曾祖劉維嶽忠正軍節度使、檢校太傅，祖右驍衛將軍延慶彰德軍節度使、檢校太尉，父贈定國軍節度使兼侍中通永興軍節度使兼中書令〔三〕；曾祖母宋氏吴國，祖母元氏許國，母龐氏徐國，並太夫人。此蓋儷極之優恩，亦無徑封王之制。通之已有贈官，蓋章獻爲美人、德妃時，已循常封贈而致，自祖以上則未有爵邑，然則是時妃嬪亦無贈二代之制也。仁宗嗣位，章獻臨朝，乾興元年二月十一日，詔維嶽移鎮寧節、加侍中，延慶移建雄節、加中書令，通追封彭城郡王，宋、元、龐改封陳、衛、鄆三國。章惠以保毓上躬，尊爲皇太妃，同時贈祖楊瑫爲安州觀察使，父知儼忠義軍節度使兼侍中，祖母王氏河南郡君，母張氏鄭國太夫人，蓋雖太妃亦止及祖考焉。天聖三年正月二十六日，又詔加贈維嶽彰信節兼尚書令，延慶鎮安節兼尚書令，通爲鄭王；宋、元、龐又改封楚、韓、魏三國，而外戚追封一字王之制，始見于此。夷考其時，仁宗以母事章獻，孝聞天下，慶節則朝北面，饗廟則冠儀天，皆非平時之禮。而通之名，又頒之四海，上書奏事、科舉程文，避之如宗廟。改通判爲同判，州郡之名如通利軍之類，亦莫不改，尊之至矣。則以命珪荒鄭履要，豈後日之所可援？六年正月二十六日，又詔加贈維嶽天平節兼尚書令，延慶彰化節、許國公，通開府、魏王；宋、元、龐爲安、齊、晉三國，是徹國爲公之始也。八年十一月二十四日，又詔加贈維嶽燕國公，延慶開府，通兼中書令，宋、元、龐爲魯、越、秦三國。是終章獻垂衣之世，二代止於國公，祖妣止於國夫人。

郭后爲仁宗嫡后，受册之初，正巹饋盥薦之禮，所謂贈曾祖中書令郭崇爲尚書令兼中書令，贈祖左千牛衛大將軍守璘爲寧國軍節度使、太尉，贈父崇儀副使允恭爲安國軍節度使、太傅，三世妣鄭、李、杜爲燕、岐、安國太夫人，見於天聖三年正月二十八日之詔者。此嫡后受册之典故也。

章懿爲仁宗之母，追册之後，因李用和有言，玉牒取索而後加贈，所謂贈曾祖太子少傅李應己爲太傅，贈祖太子少師延嗣爲太師，贈父泰寧軍節度使兼中書令仁德爲尚書令兼中書令；三世妣沈、汪、董爲蔡、徐、陳國太夫人，繼見於景祐三年七月五日之詔者。此母后追册之典故也。

惟慈聖光獻以元勳之門，來嬪帝室。景祐初元十一月二十二日，初贈祖尚書令冀武惠王曹彬爲魯王，蓋其先自以佐命拓國，已啓茅土之封，所以示寵者，易地升國而已。其他如贈曾祖太師、尚書令、萊國公芸爲安國公，贈父虞部員外郎玘爲特進、太傅兼侍中；曾祖妣張韓國，祖妣高、唐、劉秦國、舒國、燕國，母馮徐國，亦無異數。温成席寵，父堯封欲開王封，仁宗頫慰公議。至和元年六月十三日，追封皇后父玘爲東海郡王，堯封爲清河郡王，此后父贈王爵之始也，而亦止於郡。

神宗篤慶壽擁佑之恩，治平四年初紹大統，二月十三日亟詔加贈太皇太后曾祖芸、祖彬、父玘皆爲太師、尚書令兼中書令，王鄧、唐、韓三國，此祖后三代封王之始也。慶壽在御既久，歲時貤恩，加荒大國，宣仁聖烈后之曾祖高烈武瓊，固太平、景德勳臣，功在彝鼎，與曹武惠彬相伯仲，神宗不得獨異。熙寧元年，初封瓊爲大寧郡王，而祖繼勳、父遵甫仍未得封。四年九月二十一日，又進瓊爲崇王。馴至十年十二月十一日，又偕曹氏褒贈，而瓊封魯，繼勳封許，遵甫封衛，此母后三代封王之始也。

是時，欽聖憲肅以故相向文簡敏中之家，俔天作合，三宮皆國朝元勳名相，事體略同，而是年同日放詔，曾祖敏中贈秦國公，祖傳亮兼尚書令，惟父經得封河間郡王，猶循用至和故事，不敢少越。哲宗襲尊號，宣仁垂簾，欽聖遂視寶慈舊比，敏中王文安郡，傳亮公韓國，經王益國，敏中之所以先傳亮而得王，正以勳德比曹、高，非以它也。元祐四年，敏中遂王定，傳亮王衛，經王秦，三代始皆得封。雖歷崇、觀、政、宣之世，封爵稍過差，而昭慈聖獻、昭懷、顯恭、顯肅諸后家皆無此制。

建炎中興，憲節從狩漠北，高宗以元妃之重，已正椒塗。紹興元年，后母熊氏上遺表陳請〔四〕，皇后受册當時未曾加恩。上諭輔臣曰：「朕於外戚，不敢有所私也。況待遇后家，又不敢與宣和皇后家等。前此官邢氏中外親，已減於韋氏矣，今祈請不已。」於是詔特贈后父慶遠軍節度使、開府儀同三司邢焕爲少師，追封嘉國公。聖慮深微，可法萬世。還考宣和母后之家，是爲顯仁后，自紹興十年九月十日，詔皇太后曾祖郊社齋郎、贈太師、岐國公韋舜臣追封雍國公，曾祖母唐國夫人段氏贈楚國夫人，祖贈太師、追封新平郡王子華追封安康郡王，祖母漢國夫人杜氏贈魏國夫人，父贈太師、追封豫王安禮追封魯王，母益國夫人宋氏贈秦國夫人。至十二年四月五日，又詔皇太后曾祖韋舜臣追封惠王，祖子華追封德王，而三世始畢王矣。猶自正號之後，歷十有五年而叙進，歷郡若國，自公而王，不少躐等。

秦檜當國，掩建炎聖謨之懿。十三年四月二日立后，五月十六日初詔封憲節后曾祖右監門衛將軍、贈太傅邢允迪爲恭王，祖中奉大夫、贈太師宗賢爲永王，父慶遠軍節度使、醴泉觀使、贈太師楚國公焕爲安王。至二十七日，遂詔封皇后故曾祖贈太子太保吳文誠恭王，祖贈太子太傅從亨和王，父武翼郎、贈太子太師近榮王。后族以初受册恩，不俟褒贈，極品三代，即正王爵，至是始見之。憲節追褒，蓋示肇端，檜之意可考矣。

成穆在孝宗朝，追册曾祖西京左藏庫副使、贈開府儀同三司郭若節，祖奉直大夫、贈金紫光禄大夫直卿，同贈東宫保傅。成恭登配，曾祖儒林郎、吉州吉水縣主簿、贈太子少保夏令吉，祖贈太子少傅穀，父贈太子少師協，同贈三少，見於隆興二年正月二十一日、二年二月十七日之詔者，亦不皆得王封也。成肅以淳熙三年十月二十三日立，而十一月十六日遂封曾祖贈太保謝忠正爲永王，祖贈太傅慶祖爲和王，父贈太師寧爲惠王，即用紹興近制。紹熙慈懿、慶元恭淑兩家，初受册贈典，止於循進，踰年乃王，然亦遍三代矣。如新興郡王吴蓋、大寧郡王吴益於憲聖屬爲昆弟，亦得正一字之封，蓋又特恩云。

贈官不改國

封國以小大加進，或乞不改封則仍舊。惟淳熙十六年十二月九日，詔皇太后曾祖贈太師、追封秦王吴文誠特追封秦王，曾祖母秦魏國夫人王氏特贈秦魏國夫人；祖贈太師、追封秦王吴從亨特追封秦王，祖母秦魏國夫人劉氏特贈秦魏國夫人；父贈太師、追封秦王吴近特追封秦王，母秦魏國夫人張氏特贈秦魏國夫人。三代國名，皆不少更，而亦以爲贈典，前無此比也。吴氏在高宗朝紹興十九年十二月三十日，嘗詔皇后曾祖母、祖母、母並已贈吴國夫人，本家乞不改贈，俾仍故封。二十二年十二月二十八日又詔，皇后故曾祖贈太師、追封恭王吴文誠追封慶王，祖贈太師、追封華王從亨追封吴王，父已追封吴王，本家乞不改封。二十五年十二月二十五日詔，慶王吴文誠追封吴王。蓋歷三封不改，於是三代皆吴國矣。與今追封之意，蓋同出一家世爵之願，非常典也。

鎖小殿子

周文忠必大玉堂雜紀曰：

中興後，凡除拜節鉞以上，多由中書進熟狀，院吏云「鎖中」。左選者文臣也〔五〕，右選者武臣也，逐房臨時呼院吏取索，是以知之。惟草后妃、太子、宰相麻，則不容知，快行數十輩來宣召，云「鎖小殿子」。既至便殿，上服帽帶，諭以除授之意，御前列金器，如硯匣、壓尺、筆格、糊版、水滴之屬，幾二百兩，既書除目，隨以賜之。隆興初，猶用此例。乾道以後，止設常筆硯而已，退則有旨「打造不及」，例賜牌子金百兩。立后、升儲倍之。

珂按，此制非中興後，在承平時已有之。蔡絛鐵圍山叢談曰：

國朝之制，立后、建儲、命相，於是天子親御内東門小殿，召見翰林學士，面諭旨意，迺鎖院草制，付外施行。其他除拜，但廟堂僉議進呈，事得允，然後中書入熟，第使御藥院内侍一員，持中書熟狀，内降封出，宣押當直學士入，鎖院竟，乃以内降付之，俾草制而已。故相位有闕，則中外側耳聳聽，一報「供張小殿子」，必知天子御内殿者，迺命相矣。太上自即位以來，尤深考慎〔六〕，雖九禁至密，亦不得預知，獨自語學士以姓名而命之也。及晚歲，雖倦萬幾，然每命相，猶自擇日，在宣和殿札其姓名于小幅紙〔七〕，緘封，垂于玉柱斧子上，俾小璫持之，導駕于前，自内中出至小殿子，見學士始啓封焉。

然則小殿子又當在内東門，今所紀惟於便殿，則南渡草創，蓋惟存其名意而已，不必盡合舊制也。

國初宫禁節料錢

内藏有取會之禁，宫禁好賜之制，外廷莫得而知。凡今歲時，士庶家以錢分遺家人輩，目曰節料。或歲正、冬節，縱之呼博，目曰則劇，習尚已久，亦不究所由始。珂嘗讀蔡絛鐵圍山叢談，而後知國初蓋已有之。藝祖艱難造邦，示儉一意，雖千萬世，猶可拜而仰也，謹備録焉。絛之言曰：「副車弟嘗得太祖賜后詔一以藏之〔八〕，詔曰：『朕親提六師，問罪上黨。』又曰：『今七夕節在近，錢三貫與娘娘充則劇錢〔九〕，千五與皇后、七百與妗子充節料。』問罪上黨者，國初征李筠時也。娘娘即昭憲杜皇后也，皇后即孝明王皇后也。」副車，蓋絛謂其弟𠍞，尚徽宗女茂德帝姬云。

赦宥之數

藝祖在位十九年，大赦一，郊赦四，曲赦三，德音六。太宗在位二十七年，大赦一，郊及耕籍、星變、册皇太子之赦凡九，德音十四。真宗在位二十五年，大赦及封禪、祀汾陰、聖祖降、恭謝、上聖號之赦凡六，郊及罷兵、得雨、上聖祖號、册皇太子、御樓泛赦凡十二，常赦九，德音十四。仁宗在位四十一年，大赦一，郊及恭謝明堂、籍田、祫享、母后不豫、星變之赦凡十七，常赦七，德音十二。英宗在位四年，大赦一，郊及册皇太子之赦二，德音三。神宗在位十八年，大赦一，郊及明堂、星變、神御殿成、年穀屢豐、册皇太子之赦凡十，曲赦二，德音十七。哲宗在位十五年，大赦一，郊及明堂、祖后不豫、星變之赦凡七，德音十。徽宗在位二十五年，大赦一，兩郊、明堂、受寶圭、定鼎、謁原廟、皇子生、復熙豐制度、收復燕雲之赦凡二十五，常赦十四，德音二十七。欽宗在位一年，大赦及講和之赦二，德音一。高宗在位三十六年，大赦一，郊及明堂、皇太子生、復辟、星變、復河南、母后不豫、梓宮來歸之赦十九，常赦四，德音十七。孝宗在位二十七年，大赦一，郊及明堂、皇太子慶壽之赦十四，德音二。光宗在位五年，大赦一，郊及聖父不豫之赦凡二。略計建隆庚申以及紹熙甲寅，凡二百三十有四年，凡三百有一赦，實肇於趙韓王普，其仁如天之對，其一言興邦之比歟。

祖宗朝田米直

承平時，錢重物輕，本業具舉，故粒米狼戾之價與今率不侔，而田之直，亦隨以翔庳。珂按李文簡燾續通鑑長編，熙寧二年十一月壬午：「御邇英閣，進讀通鑑畢，賜坐。司馬光、吕惠卿議青苗事。司馬光曰：『太宗平河東，輕民租税，而戍兵甚衆，命和糴糧草以給之。當是時，人稀物賤，米一斗十餘錢，草一圍八錢，民樂與官爲市。其後人益衆，物益貴，而轉運司常守舊價，不肯復增，或更折以茶布，或復支移折變。歲饑，租税皆免，而和糴不免，至今爲膏肓之疾。』」又熙寧八年八月戊午，中書進呈户房乞下兩浙提舉水利及轉運司各差官定驗兩浙興修水利不當事，吕惠卿曰：「臣等有田在蘇州，一貫錢典得一畝田，歲收米四五六斗，然常有拖欠，僅如兩歲一收。上田得米三斗，斗五十錢，不過直百五十錢。而今修堤岸，所率每畝二百錢，有千畝田即出二百千，如何拚得？」

觀太平興國至熙寧止百餘年，熙寧至今亦止百餘年，田價、米價乃十百倍蓰如此。今蘇、湖間上田，每歲收主租一石，折糙而計亦止得八斗。如江鄉田，上色可收穀四石，却可得主租二石，春而爲米，亦止一石，而四石之田，固不多見也。稅尤重，計所得，猶不及五六斗耳。尋常一縣丞下鄉點視陂塘，已不翅畝費二百，而當時已歎其重，今乃反以爲輕耶？可爲永慨。

潛藩節鎮

紹興八年十月甲戌，左僕射趙鼎罷爲忠武節度、知紹興府。議者謂，故事當帶檢校官，且忠武乃神宗皇帝潛藩。乃貼麻授檢校少傅、奉國軍節度使，徙知泉州。珂按，南渡以後，除節鎮犯潛邸名者，不可縷數。近世李儀同孝友建奉寧節，亦同高宗舊鎮，蓋失於辭，於理固不可用也。

官稱不避曹司

凡今世避家諱者，不避嫌名，雖著于令，而初無官曹、官稱之別。珂按唐書賈曾傳：「父名言忠，睿宗時擢中書舍人，以父嫌名不拜。開元初，復拜中書舍人，曾固辭。議者謂中書乃曹司，非官稱，嫌名在禮不諱。乃就職。」然則中書者，曹司也，舍人者，官稱也，又有差別輕重。唐人最重諱，而所言乃如此，與今制尤不同云。

校勘記

〔一〕元德皇后配食熙陵　「食」字原闕，據知不足齋本、學海本補。

〔二〕始詔贈英爲檢校太尉安國軍節度使　「安國軍」原作「安德軍」，據長編卷六九大中祥符元年五月庚辰條、宋會要輯稿儀制一二之二改。

〔三〕父贈定國軍節度使兼侍中通永興軍節度使兼中書令　「令」字原脱，據宋史卷四六三劉美傳、宋會要輯稿儀制一二之二補。

〔四〕后母熊氏上遺表陳請　「熊」原作「能」，據學海本、建炎以來繫年要録卷六八紹興三年九月癸亥條、皇宋中興兩朝聖政卷一四紹興三年九月癸亥條改。

〔五〕左選者文臣也　「選」字原脱，據玉堂雜記卷下補。

〔六〕尤深考慎　「慎」字原作「孝宗廟諱」，據鐵圍山叢談卷一回改。

〔七〕在宣和殿札其姓名于小幅紙　「札」字原作「扎」，據鐵圍山叢談卷一改。

〔八〕副車弟嘗得太祖賜后詔一以藏之　「后」字原作「名」，據鐵圍山叢談卷一改。

〔九〕錢三貫與娘娘充則劇錢　「則」字鐵圍山叢談卷一作「作」。

後序

郯，猶國也，夫子之所辱問焉。取而名編，摭其意而已，不直一愧也。嘗試考之士君子之爲學，恥一物之不知。等千百載而上，倚相所未讀，序書所弗紀，歷歷如一日焉，顧於古乎何有而迺立人之朝？當今之世，於其目擊而身履者，疑弗問，問弗辨，辨弗篤，曾猶可以愧贖而謂郯云乎哉！郯云乎哉！

李衛公，唐人第一流也，其立言以厲世，蓋不苟然矣。公之言曰「臺閣典章，本公卿子弟之責」，亦惟以其所習聞者而諉之也。諉，斯恕之矣。幸生文明化成之代，未能奮己所學，策勳觚鉛，碌碌以爲世禄羞。人以其習而諉之，世即其諉而取之，略於遠而問之以邇，舍夫古而責之以今，非恕何居而？且俛而受之，又從而文之以辭，盍知夫逆求其可承，從容丈席間。誼國君臣，跫然相顧，起不期之歎，失官之恥，遍中國無能自逭於聖人之譏。則郯固未易企，而亦未易以愧言也。愧其所不當愧，附其所不容附，吾名贅矣。然猶有願言者，謂志於愧，不若志於慕；愧於恕，不若愧於聒。請書衛語，併勉方來。是歲後三月望，珂後序。

附録一　愧郯録卷十異文一則

打子

吳仁傑鹽石新論甲編曰：

程氏演蕃露：「今衛士扈駕清道，名爲等子，誤矣。東方朔傳『夏育爲鼎官』，顔師古云『鼎官，今殿前舉鼎者』，然則當爲鼎子也。」仁傑按，魏典韋傳：「謂等人曰：『虜來十步，乃白之。』等人曰：『十步矣。』」洪翰林云：「等人，猶候人，蓋軍制也。等子之名，疑起於此。」今郡縣虞候聽子之名〔一〕，亦起於軍制。李衛公兵法曰：「諸軍營各量置虞候子，使排比行軍次第。」又曰：「至夜，每陣前百步外各著聽子五人〔二〕，一更一替，以聽不虞。」今令文「聽」字加「廣」，非也。

珂嘗讀歐陽文忠脩歸田録：今世俗言語之訛，而舉世君子皆同其繆者，惟打（下闕）。

校勘記

〔一〕今郡縣虞候聽子之名 「子」字原作「于」，據四庫本改。

〔二〕每陣前百步外各著聽子五人 「五人」二字通典卷一五七、太平御覽卷三三一引李衛公兵法，皆作「二人」。

附録二　諸家題跋

嵩渚文集卷七一書愧郯録後

按左傳昭公十七年，郯子來朝，而魯人問官焉，郯子答之甚詳。仲尼聞之，乃見于郯子而學之。既而告人曰：「吾聞之，天子失官，學在四夷，尤信。」與家語所載並同。愧郯録十五卷，總若干則，宋岳珂著，紀載本朝官制十之九，而雜事僅十之一。曰「愧郯」者，珂自道也。是編於宋之朝野故事，巨細畢舉，誠足以補史氏之未備。且筆力健𠒋，叙事有法，較諸桯史似過之，其珂晚年之筆邪？第九卷「禮殿坐像」一則可袪世俗積習之惑，觀者自知之。

澹園續集卷九書愧郯録

士大夫學問，以國朝制度典章爲第一。近世宋文憲之外，鄭端簡、雷司空皆其人也。後生學文，徒獵古人唾餘，以相賁飾，而實用微矣。岳亦齋所著述，余及見其三：桯史、金陀稡編、媿郯録是也。媿郯録於國之典制名數，蓋三致意焉。書曰：「學古入官，議事以制。」學者得此意，考古通今，不至虚用其力，其可免於面墻也夫！【整理者案，此跋又見澹生堂鈔本，其末記「萬曆戊申四月澹翁命侍史録成，手校一過，因記。」】

楊氏海源閣舊藏宋刊本題跋

宋板媿郯録

中有欠頁數板。岳元聲萬曆年間曾刻此書，即從此本登梨，每遇欠頁，俱刻原缺。至今岳刻亦不可多見，曹秋翁、朱竹翁只是抄本。【整理者案，此條見於再造善本首葉】

四庫全書總目卷一二一

媿郯録十五卷江蘇巡撫採進本

宋岳珂撰。珂有九經三傳沿革例，已著録。是書多記宋代制度，參證舊典之異同。曰「媿郯」者，取左傳郯子來朝、仲尼問官之事，言通知掌故，有媿古人也。其中記魚袋頒賜及章飾之始末、公主之改稱帝姬，辨論甚確。同二品之起於五代、金帶之有六種、金塗帶之有九種，皆史志所未備。至敘尚書之名，引戰國時已有尚冠、尚衣之屬，皆杜氏通典職官所未及者。其徵引可云博洽，與石林燕語諸書，亦如驂有靳矣。其間偶爾舛譌，如論金太祖建元始於天輔，而以收國爲遼帝年號，及通考所摘誤以九品中正爲官品之類，亦間有之。然大致考據典贍，於史家、禮家均爲有裨，不可謂非中原文獻之遺也。

瞿氏鐵琴銅劍樓舊藏宋刊本末黄丕烈手跋

此宋刻愧郯録，八册，計十五卷，雖其間抄者七十五葉，空白者十葉，然以意揣之，抄者必非無據，空白者亦是闕疑，仍不失爲古書之舊。頃從杭州書友處寄來，易白金一觔而去。余取知不足齋所刻本相勘，行款正同，空白亦合，當是此刻所翻，則此誠祖本矣。卷中有楊夢羽圖章，知爲吴郡故物，今復得弓玉之還，不亦快哉！嘉慶己未冬十月既望，書於紅椒山館，蕘圃黄丕烈。【整理者案，此條爲四部叢刊續編本附録】

百宋一廛書録

愧郯録，余有兩本，一得於杭州，一得於郡城，皆宋刻而各有鈔補。郡城本南潯友人易去，所留者乃杭州本也。宋刻缺八、九、十、十一卷，并補抄闕散者。核之共七十五葉，空白十葉。就其行款相對所補，必非無據，所空亦屬闕，疑知不足齋所刻當據此本。目録卷九中「金年號」「金」字係屬後人改補，鮑刻仍之，郡城本猶未改也。此本有「楊氏夢羽」印，吾郡故物而仍歸故土，書之精靈亦有聚而不散者耶。

鄭堂讀書記卷五六

愧郯録十五卷知不足齋叢書本

宋岳珂撰。珂仕履見傳記類。四庫全書著録，書録解題、通考、宋志及宋志補俱不載，焦氏經籍志始載之。是書成於嘉定甲戌，前有自序，稱「國朝典章文物之盛，名公鉅卿所以討論潤色之者，固已無餘藴矣。珂位於朝，有司之賤者也，譬諸小國，無證杞之責，而有睎郯之心。其廷紳之所緒聞，諜記之所膚受，隱而不合，必求其當。博取精覈，使皆有據依而後牘之。命之曰『郯』，以志其愧」云云。蓋取左氏傳郯子之事，言通知掌故有愧昔賢也。其書凡一百十七則，多記宋代制度，所考典故沿革，間及前代，皆足補史志之闕。其援引頗爲典贍，而不免偶有舛誤，亦不足以爲累也。末又有是歲自撰後序。鮑渌飲據宋刻以校寫本，然後付梓。説郛僅節録一卷而已。

鐵琴銅劍樓藏書目録卷一六

愧郯録十五卷宋刊本

題「相臺岳珂」，有自序及後序，每半葉九行，行十七字。知不足齋鮑氏刊本即從之出。中有空白十葉，亦同。舊爲楊氏萬卷樓藏書。卷首尾有「楊夢羽氏」、「華陰世家」、「宏道」、「天官冢宰」、「天水趙氏珍藏」、「楊儀夢羽收藏圖書之記」諸朱記。

皕宋樓藏書志卷五八

愧郯録十五卷宋刊本朱卧庵舊藏

宋相臺岳珂撰

自序

後序

案，每葉十八行，每行十七字，版心有字數及刻工姓名。百宋一廛賦所有抄補四卷，此本完善，尤爲難得。卷中有「朱卧菴考藏印」朱文長印、「朱之赤鑒賞」朱文長印、「華荄廎藏」朱文長印、「白舫」朱文方印。

儀顧堂集卷二〇宋板愧郯録跋

首行題曰「愧郯録」，次行題曰「相臺岳珂」，每頁十八行，每行十七字，板心有字數及刊匠姓名。書中語涉宋帝皆空一格。前有「嘉定焉逢淹茂歲圉如既望岳珂序」，後有「是歲後三月望珂後序」。卷一有「朱之赤鑒賞」朱文長方印，前序有「朱卧庵考藏」朱文長方印、「延陵吴氏家藏」朱文長印，目録前有「白舫」二字朱文印、「華芟廎藏」朱文印。卷七後「世美堂印」四字朱文方印、「休寧千秋里人」白文方印、「沈辨之印」四字白文方印。按，朱之赤，號卧庵，休寧人，明季人。沈辨之，名以文，常熟人，明嘉靖時人。「白舫」、「世美堂」、「延陵吴氏」、「華芟廎」印無考。知不足齋刊本卷一、卷五、卷七皆有缺頁，此本亦同，殆即鮑氏所據本歟？是書爲祥符周季貺太守所贈，卷中缺頁乃季貺子屺思抄補。周氏父子，皆今之學者也。季貺名星詒，屺思名澧。

楹書隅録卷三

宋本愧郯録十五卷　六册一函

每半葉九行，行十七字，序末署「嘉定焉逢淹茂梓於禾中」，蓋宋寧宗嘉定七年甲戌，姑蘇鄭定剞劂於嘉興之本也。予齋藏柳柳州集與此本正同，其行式、字數及板心所記刻工，若曹冠宗、曹冠英、王顯、丁松諸姓名，與此多合。按四庫所收倦翁所著各書，明刊本爲多。予往歲得鄂國金陀稡編、元槧桯史，今復得此本，首尾無缺，較諸本爲尤勝。丙寅初秋獲諸都門，卷前有「乾學徐健菴」印，乃東海故物，後入怡邸者也，明萬曆間岳氏元聲所刊即由此本覆出。卷中有「岳氏藏書」、「韓肅瑩印」、「魏公後裔」、「小亭鑑定」、「小亭眼福」、「韓氏藏書」、「家在錢唐江上住」、「健菴」、「徐乾學」、「家有賜書」、「夏汝賅」、「金石録十卷人家」、「恩福堂藏書記」各印記。

周越然藏澹生堂鈔本愧郯録前跋

宋岳珂愧郯録十五卷，吴縣黄氏、常熟瞿氏、同郡陸氏，皆藏有宋本。黄、陸二氏之書早已散去，在人間與否不可知。瞿氏之書尚爲其後人所守。查蕘圃藏書題識卷五、鐵琴銅劍樓藏書目録卷十六、儀顧堂集卷二十，知三氏之書，行格相同，半葉九行，行十七字，而缺葉之數共計十葉，亦復相合，是三書同出一源也。宋以後重雕之本，有明岳氏校刻本、山陰祁氏澹生堂餘苑本、學海類編本、鮑氏知不足齋叢書本。除餘苑未見外，餘三種余均庋有之。鮑氏之書，行格一遵宋刊，校訂精詳，實爲各書之冠，惟缺葉與宋、明、清各本均同。豈世間竟無完本耶？今年春，以重價購得此本於申江，有澹翁手跋，且有毛子晉、季滄葦、朱錫鬯等圖記，係明人鈔本。惜只存首七卷，不得稱爲完璧。幸各本缺文均在此七卷中，即可藉以校補，亦一大快事也。民國十九年五月一日，吳興周越然識。

言言齋藏書目卷五

愧郯録存首七卷宋岳珂撰

明鈔本，半葉十二行，行二十四字。前有珂自序。收藏有「秀水朱氏潛采堂圖書」、「静妙山房」、「秀水朱彝尊錫鬯氏」、「均伯過眼」、「錢均伯珍藏祕書記」、「虞山汲古閣字子晉圖書」、「季振宜字詵兮號滄葦」、「竹泉珍祕圖籍」、「謏聞齋」、「毛扆之印」、「斧季」諸印記。卷首有澹翁手跋，附録于後。【整理者案，以下所引爲焦竑澹園續集卷九書愧郯録，故從略。】

愧郯録十五卷宋岳珂撰

明萬曆中岳氏刊本，半葉十行，行二十字，白口，白單魚尾，左右雙欄。前有珂自序，後有珂後序。收藏有「獨山莫氏銅井文房藏書印」、「莫楚棠生父印」二圖記。卷首有莫棠手跋，云：此明代萬曆中岳氏刊本，從宋本出，刓去刻書人名氏，蓋拙賈所爲。若少解事者，即知其不能作贋鼎矣。

藏園群書題記卷八明岳元聲刊本愧郯録跋

此書亦岳珂所撰，凡十五卷。桯史記當時遺聞故事，此則專誌宋代典制，提要稱其「記問博洽，考據典贍，有裨史志，爲中原文獻之遺」，洵爲確論。此爲萬曆本，半葉十行，行二十字，語涉朝廷空格，前後無序跋，惟卷首次行署「十六世孫岳元聲、和聲、駿聲訂」，以行格版式較之，與天啓本桯史正同。余尚見有玉楮集，亦元聲所刻，行款與此無異，蓋三書皆同時付梓者也。

考岳氏後裔，自倦翁後即占籍嘉興。元聲字之初，萬曆癸未進士，官工部郎中，時以論首輔奪情落職，後起官，擢至兵部侍郎，有潛初子集。和聲字爾律，萬曆壬辰進士，歷官至右僉都御史，巡撫順天。天啓時起補延綏巡撫，著有後驂鸞録及餐薇子集三十卷。兄弟皆顯貴，然元聲立朝侃侃，里居亦以正直稱。和聲晚撫延綏，頗爲時論所薄，吴次尾兩朝剥復録曾論及之。因頻刻家集，故考其仕歷附著之焉。癸未二月初一日，藏園老人識。

四部叢刊續編本愧郯録張元濟跋

蕘圃謂原書空白十葉，與知不足齋刊本相合，定爲祖本，且謂「抄者必非無據」。余嘗見同式後印者二部，及曹溶學海類編印本，亦均無此十葉。明代有岳元聲刊本，余未之見。按，岳爲浙江嘉興縣人，萬曆癸未進士；曹爲秀水縣人，崇禎丁未進士：先後相距僅五十五年。曹輯是書不知所據何本，然與岳生既同地，而時又相近，倦圃藏書甲於東南，不容不見岳本，度亦必同闕矣。友人周君越然購得祁氏澹生堂鈔本半部，余聞之，往假開卷，則此十葉者宛然具在。因迻録之，倩人依原書款式寫補。各葉前後適相銜接，雖卷五之第九至十二葉仍有闕文，是本卷二「淳熙南衙」一則闕七字，卷四「魚袋」一則闕八字，卷六「仙釋異教之禁」共闕七字，祁本亦無可補，然大致要已具足。明清鼎革，忠敏遭難，藏書散盡，世極罕見。閲三百年，於有人覆印之時，而是書忽出，且亡其半，而有此十葉之半部獨不亡，不可謂非異事矣。書此以識吾友通假之惠，並爲是書慶幸焉。民國紀元二十三年元月，海鹽張元濟。

參考書目

班固漢書，中華書局，一九六二年。
蔡絛撰，馮惠民點校鐵圍山叢談，中華書局，一九八三年。
曹昭撰，舒敏、王佐增新增格古要論，續修四庫全書影印遼寧圖書館藏明刊本。
陳均撰，許沛藻等點校皇朝編年綱目備要，中華書局，二〇〇七年。
程大昌撰，劉尚榮點校考古編，中華書局，二〇〇八年。
程大昌撰，許沛藻、劉宇整理演繁露，大象出版社，二〇〇八年。
杜佑撰，王文錦點校通典，中華書局，一九八八年。
杜預春秋經傳集解，四部叢刊本。
段成式撰，方南生點校酉陽雜俎，中華書局，一九八一年。
范曄後漢書，中華書局，一九六五年。
房玄齡等晉書，中華書局，一九七四年。
傅增湘藏園群書題記，上海古籍出版社，一九八九年。

何休解詁，徐彦疏春秋公羊傳注疏，阮元校刻十三經注疏，中華書局，一九八〇年。
洪邁撰，孔凡禮點校容齋隨筆，中華書局，二〇〇五年。
焦竑焦氏澹園續集，續修四庫全書影印中國科學院圖書館藏明萬曆三十九年朱汝鰲刻本。
酈道元撰，陳橋驛校證水經注校證，中華書局，二〇〇七年。
李吉甫撰，賀次君點校元和郡縣圖志，中華書局，一九八三年。
李靖撰，吴如嵩、王顯臣校注李衛公兵法校注，中華書局，一九八三年。
李濂嵩渚文集，四庫存目叢書影印杭州大學圖書館藏明嘉靖刻本。
李林甫撰，陳仲夫點校唐六典，中華書局，一九九二年。
李燾續資治通鑒長編，中華書局，二〇〇四年。
李心傳建炎以來繫年要録，景印文淵閣四庫全書本。
李心傳撰，胡坤點校建炎以來繫年要録，中華書局，二〇一三年。
李心傳撰，徐規點校建炎以來朝野雜記，中華書局，二〇〇〇年。
李延壽南史，中華書局，一九七五年。
李攸宋朝事實，中華書局，一九五五年。

劉寶楠撰，高流水點校論語正義，中華書局，一九九〇年。
劉昫等舊唐書，中華書局，一九七五年。
留正等皇宋中興兩朝聖政，續修四庫全書影印宛委別藏本。
劉摯撰，裴汝誠、陳曉平點校忠肅集，中華書局，二〇〇二年。
陸德明經典釋文，上海古籍出版社，二〇一三年。
陸心源皕宋樓藏書志，續修四庫全書影印清刻潛園總集本。
陸心源儀顧堂集，續修四庫全書影印清光緒刻本。
吕陶淨德集，叢書集成初編本。
馬端臨文獻通考，中華書局，一九八六年。
馬永卿撰，查清華、顧曉雯整理嬾真子，大象出版社，二〇〇八年。
歐陽脩、宋祁新唐書，中華書局，一九七五年。
歐陽脩太常因革禮，續修四庫全書影印宛委別藏本。
歐陽脩新五代史，中華書局，一九七四年。
歐陽脩撰，李偉國點校歸田録，中華書局，一九九七年。
瞿鏞鐵琴銅劍樓藏書目録，續修四庫全書影印清咸豐常熟瞿氏家塾刻本。

沈約宋書，中華書局，一九七四年。
司馬遷史記，中華書局，一九五九年。
蘇軾撰，孔凡禮點校蘇軾文集，中華書局，二〇〇四年。
孫逢吉職官分紀，景印文淵閣四庫全書本。
脱脱等金史，中華書局，一九七五年。
脱脱等宋史，中華書局，一九七七年。
王稱撰，孫言誠、崔國光點校東都事略，齊魯書社，二〇〇〇年。
王明清揮麈録，中華書局，一九六一年。
王溥唐會要，上海古籍出版社，二〇〇六年。
王溥五代會要，上海古籍出版社，一九七八年。
王欽若等册府元龜，中華書局影印本，一九六〇年。
王瑞來岳珂生平事蹟考述，文史第二十三輯，一九八四年。
王紹仁主編江南藏書史話，上海古籍出版社，二〇〇九年。
王應麟玉海，江蘇古籍出版社、上海書店，一九八七年。
衛宏漢舊儀，見周天游點校漢官六種，中華書局，二〇〇八年。

魏收魏書，中華書局，一九七四年。
魏徵等隋書，中華書局，一九七三年。
夏竦文莊集，景印文淵閣四庫全書本。
蕭嵩等大唐開元禮，景印文淵閣四庫全書本。
蕭統編，李善等注六臣注文選，中華書局，二〇一二年。
蕭子顯南齊書，中華書局，一九七二年。
徐夢莘三朝北盟會編，上海古籍出版社影印本，一九八七年。
徐松輯宋會要輯稿，中華書局影印本，一九五七年。
徐自明著，王瑞來校補宋宰輔編年録校補，中華書局，一九八六年。
楊紹和楹書偶録，見王紹曾、崔國光等整理訂補海源閣書目五種，齊魯書社，二〇〇二年。
楊仲良皇宋通鑒長編紀事本末，宛委别藏本。
黄丕烈百宋一廛書録，叢書集成續編本。
葉紹翁撰，沈錫麟、馮惠民點校四朝聞見録，中華書局，一九八九年。
佚名宋大詔令集，中華書局影印本，一九六二年。
永瑢等四庫全書總目，中華書局影印浙江書局本，一九六五年。

余莎米岳珂生平著述考，北京大學碩士論文，二〇〇八年。
元稹元氏長慶集，四部叢刊本。
岳珂撰，吴企明點校桯史，中華書局，一九八一年。
樂史撰，王文楚點校太平寰宇記，中華書局，二〇〇八年。
曾鞏撰，王瑞來點校隆平集校證，中華書局，二〇一二年。
張鷟撰，趙守儼點校朝野僉載，中華書局，一九七九年。
趙汝愚編，北京大學中國中古史研究中心整理宋朝諸臣奏議，上海古籍出版社，一九九九年。
趙彦衛撰，傅根清點校雲麓漫鈔，中華書局，一九九六年。
鄭玄注，賈公彦疏周禮注疏，阮元校刻十三經注疏，中華書局，一九八〇年。
鄭玄注，孔穎達正義禮記正義，阮元校刻十三經注疏，中華書局，一九八〇年。
周必大文忠集，景印文淵閣四庫全書本。
周必大玉堂雜記，景印文淵閣四庫全書本。
周必大周益公文集，宋集珍本叢刊影印澹生堂鈔本，綫裝書局，二〇〇四年。
周越然言言齋藏書目，收入林夕主編中國著名藏書家書目匯刊近代卷第三六册，商務印書館，二〇〇五年。
周中孚鄭堂讀書記，續修四庫全書影印吳興劉氏嘉業堂刊本。
朱熹晦庵先生朱文公文集，四部叢刊本。

唐宋史料筆記叢刊　書目

隋唐嘉話　朝野僉載
〔唐〕劉餗　〔唐〕張鷟

明皇雜録　東觀奏記
〔唐〕鄭處誨　〔唐〕裴庭裕

大唐新語
〔唐〕劉肅

唐語林校證
〔宋〕王讜

東齋記事　春明退朝録
〔宋〕范鎮　〔宋〕宋敏求

澠水燕談録　歸田録
〔宋〕王闢之　〔宋〕歐陽脩

龍川略志　龍川别志
〔宋〕蘇轍

東坡志林
〔宋〕蘇軾

默記　燕翼詒謀録
〔宋〕王銍　〔宋〕王林

涑水記聞
〔宋〕司馬光

東軒筆録
〔宋〕魏泰

青箱雜記
〔宋〕吳處厚

齊東野語
〔宋〕周密

癸辛雜識
〔宋〕周密

邵氏聞見録
〔宋〕邵伯温

邵氏聞見後録
〔宋〕邵博

程史
〔宋〕岳珂

游宦紀聞　舊聞證誤
〔宋〕張世南　〔宋〕李心傳

鐵圍山叢談
〔宋〕蔡絛

四朝聞見録
〔宋〕葉紹翁

春渚紀聞
〔宋〕何薳

蘆浦筆記
〔宋〕劉昌詩

鶴林玉露
〔宋〕羅大經

湘山野録　續録　玉壺清話
〔宋〕文瑩

泊宅編
〔宋〕方勺

老學庵筆記
〔宋〕陸游

西溪叢語　家世舊聞
〔宋〕姚寬　〔宋〕陸游

石林燕語
〔宋〕葉夢得　〔宋〕宇文紹奕考异

雲麓漫鈔
〔宋〕趙彦衛

鷄肋編
〔宋〕莊綽

清波雜志校注
〔宋〕周煇

建炎以來朝野雜記
〔宋〕李心傳

麟臺故事校證
〔宋〕程俱

師友談記　曲洧舊聞　西塘集耆舊續聞
〔宋〕李廌　〔宋〕朱弁　〔宋〕陳鵠

墨莊漫録　過庭録　可書
〔宋〕張邦基　〔宋〕范公偁　〔宋〕張知甫

侯鯖録　墨客揮犀　續墨客揮犀
〔宋〕趙令畤　〔宋〕彭□輯

北夢瑣言
〔五代〕孫光憲

南部新書
〔宋〕錢易

范成大筆記六種
〔宋〕范成大

容齋隨筆
〔宋〕洪邁

封氏聞見記校注
〔唐〕封演

開元天寶遺事　安禄山事迹
〔五代〕王仁裕　〔唐〕姚汝能

朝野類要
〔宋〕趙升

後山談叢　萍洲可談
〔宋〕陳師道　〔宋〕朱彧

愛日齋叢抄　浩然齋雅談　隨隱漫録
〔宋〕葉寘　〔宋〕周密　〔宋〕陳世崇

蘇氏演義（外三種）
〔唐〕蘇鶚　〔五代〕馬縞　〔唐〕李匡文
〔唐〕李涪

教坊記（外三種）
〔唐〕崔令欽　〔唐〕李德裕　〔唐〕鄭綮
〔唐〕段安節

丁晉公談録（外三種）

〔宋〕潘汝士　〔宋〕夷門君玉

〔宋〕孫升口述　〔宋〕劉延世筆録

〔宋〕孔平仲

奉天録（外三種）

〔唐〕趙元一　〔唐〕佚名　〔南唐〕尉遲偓

〔南唐〕劉崇遠

靖康緗素雜記

〔宋〕黄朝英

夢溪筆談

〔宋〕沈括

愧郯録

〔宋〕岳珂

錢塘遺事校箋考原

〔宋〕劉一清

曾公遺録

〔宋〕曾布

儒林公議

〔宋〕田況

雲溪友議校箋

〔唐〕范攄

嬾真子録校釋

〔宋〕馬永卿

王文正公筆録

〔宋〕王曾

王文正公遺事　清虚雜著三編

〔宋〕王素　〔宋〕王鞏

酉陽雜俎

〔唐〕段成式

新輯實賓録

〔宋〕馬永易

志雅堂雜鈔　雲煙過眼録　澄懷録

〔宋〕周密

大唐傳載（外三種）

不著撰人　〔唐〕張固　〔唐〕李濬　〔唐〕李綽

劉賓客嘉話録

〔唐〕韋絢

唐國史補校注

〔唐〕李肇

唐摭言校證

〔五代〕王定保

賓退録

〔宋〕趙與旹